# 星雲大師教你一念轉運

星雲◎口述
鄭羽書◎筆記

晨星出版
Morning Star

◎慧延法師攝影

# 師父序

這本書其實是我的生活筆記。

從佛光山住持退位之後，我雲遊四海，與十方結緣，在路途中偶感、在對信徒開示中偶得、在會見各方人士時，彼此交換意見之心得。我存錄了不少隨手筆記，奈何困於為弘法利生事業奔波，無暇整理歸納，雖有心盼流傳民間、廣結善緣，但始終未能成願。

民國七十八年十一月，受「聯合文學」發行人張寶琴女士與總編輯初安民先生邀約撰寫一專欄。幾經考慮，考慮的是聯合文學是有份量的文學性刊物，發行於海峽兩岸，撰寫專欄是慎重之事。再考慮的是我行職，也就隨緣順成，於是「話緣錄」的專欄在民國七十九年元月正式於「聯合文學」登場。

尋常一樣窗前月，
才有梅花便不同。

這是宋朝杜耒的詩句，此時用來形容文壇女史——鄭羽書目前的事業與心境，可以說是再恰當不過了。

鄭羽書從事文化工作已有二十年之經驗，豐碩的歷練使她心靈慧巧、事業有成，但是多年的世事滄桑，難免有人生漂泊無繫之感。自一九八八年皈依三寶後，便潛心佛學，漸漸地了解世間的本質與佛法的奧妙。由於她悟性敏銳，在靜心自省後，對於週遭人物事相有了一番新的體認，更因為深感社會種種敗壞現象，而沛然升起濟世悲心，遂毅然放棄多方文事出版工作，投入新的慧命，成立「巨龍文化事業公司」，從事佛學出版，期能為弘揚佛法、淨化社會，盡一己之心力。她歡喜地說：「這次我選擇了自己願意做、開心做的佛教文化事業！」

果然，在她的精心策劃下，巨龍文化事業公司陸續推出《星雲文集》典藏版、《故宮版抄經本》系列、《百佛圖》……等典籍，凡此皆因製作精美、深具特色，而佳評如潮。此外，她還兼任「中華佛光協會」監事一職，在各種佛教活動中，扮演重要的角色。例如：最近由中華佛光協會、中華文化復興運動總會共同主辦的「把心找回來」系列回動，就在她熱心奔走和眾人努力推動下，如火如荼地在台灣各地展開，為紅塵濁世注入一股清流。無怪乎柏楊先生驚嘆：「鄭羽書在信仰佛教以後，好像變了一個人似的！」，中國時報也為文讚揚她正在「轟轟烈烈地」從事信仰工作，可見生活中有了佛法，自能如源頭活水般，一瀉千里。

傾聞《話緣錄》即將出書，欣然應邀作序，期盼這本有關我的生活筆記，能似案頭的一翦梅花，使讀者們嗅出生命的幽香，則於願足矣！

星雲

一九九二年八月於佛光山

# 師父的大智慧我知道

且聽我細述《星雲大師教你一念轉運》的出版緣由。在一九九一年八月我寫了下面這段文字——「寫作十八年，著書二十本，然而下筆最難、壓力最大的是整理《話緣錄》，工作心情最愉快、而收穫最多的也是整理《話緣錄》。

文友們不解，一個創作者為什麼要做代筆與整理的文字工作，當然他們不好說我是自貶身價。可是，誰能懂這個整理工作在我的生命中是新生、蛻變與成長呢？常常在整理星雲師父《話緣錄》的過程中，讓我感動良久、讓我深夜徹思、讓我不自覺淚水滿面。

誰能懂一個修行者的心路歷程？誰能懂一個出家人的慈悲心與大願心是如此浩瀚？以世俗的眼光看星雲師父，當然只能說他虛假造作，因為世俗認為這種人是不可能存在的，尤以功利掛帥的現今社會，誰能體會一個出家人想要度盡天下蒼生的心情？一定是為了達到某種目的才如此矯情！於是極盡所能地責難毀壞，在這責難毀壞之中，我們是否也試著接近他一點？了解他一點？

我寫書有限，編書不少，看書更多，但讀這本書的心情相當不同，它教給我生活中做人處事的哲理。打從一開始，我就想如何把它送到年輕朋友的手中，讓大家慢慢品味這樣一個不同的人生。真的，在這樣一個虛華不實的社會，我們不但人迷失，心也迷失，把心找回來，認識究竟之道，是現代人，尤其是年輕人必須面對的。

兩年半前，我自告奮勇做這個整理工作，就抱持著——要把星雲師父五十多年的修行悟道以生活化的文字帶入社會，讓年輕學子也能共享喜樂，讓大家知道生活中就有佛法，不必刻意追求，也不必遠求。

讓大家在失序的社會中，能享受到另一種清涼與恬靜、讓您無數的心結在一念之間得解。

《話緣錄》不是我的創作，卻是我最得意的整理著作，它的每一句話都值得三思與回味。當個佛家弟子，我該問自己這段時間精進否？跟師父學習多少？悟得多少？」

如今回想起來，其實我是何等有福報的人，跟在星雲師父身邊有學習不盡的寶藏，為眾生學包容，為佛教學忍辱，大千世界中盡是修行，未必是苦，而是五味！這本書傳遞的訊息是「空有自如，身心安住」，這短短八個字如能遵守，想必是終身受用；但，難啊！多少人能懂「難捨能捨，難得能得」？多少人能「放下」、「不爭」？多少人明白「無常」是精進的力量？因為無常，所以更要珍惜生命，掌握機緣！

這樣的書令人很擔心行銷的問題，最讓我感動的是克緹國際集團董事長陳武剛先生與他的夫人黃麗穗女士，他們印了兩千本送給員工，但他們夫妻卻是極虔誠的基督徒，可見真理是沒有教別之分的。

有位印刷廠的老闆把這本書送給一位自卑、自棄的年輕員工，挽回他想自殺的念頭。有位母親送這本書給對前途徬徨、對生命懷疑的兒子，喚醒他對自己的責任。

近日到一家日資企業演講時，我引用書中師父的話語，大家對星雲大師多年前的思想哲理仍然覺得歡喜受用，連日本經理人們都透過翻譯頻頻作筆記。這是讓我決定重新出版《話緣錄》並另命書名為《星雲大師教你一念轉運》的因由。

星雲師父以「聽故事，學事理」的方式來闡述佛法，為了讓您讀起來更方便，我試分段落。如果您讀完這本書，有一點點的收穫，請不要吝於分享給每一個你愛的人！

# 「話」說這殊勝的「緣」

羽書輕輕的一句：「你很愛星雲師父，又瞭解我整理這本書的心路歷程，來為它寫些感想吧！」

當然沒問題！我是如此敬愛我的大師，又抗拒不了看似嬌小柔美的羽書，她那輕輕一句卻是重重的交代。沒關係！我相信「愛能成就一切」，何況「愛有不可思議力量」，我這麼愛他們，只要認真重新捧讀多年前已奉為做人處事指引的著作，寫寫讀後感，不難的！

直到徹夜難眠，反覆思索，揉掉無數張稿紙，才清楚羽書說「下筆最難、壓力最大的是整理《話緣錄》，工作心情最愉快、而收穫最多的也是整理《話緣錄》。」是什麼意思。沒有用心閱讀此書，誰能懂得一位出家人的悲心大願是如此浩瀚？誰又能懂此書讓每個人的生命都有機會新生、蛻變與成長？

仰望藍天，感受到的那份安定，緣自於宇宙對我們的眷顧。我們尊敬的大師，就是用那曠達無垠如藍天般的心性，苦口婆心、諄諄教誨，啟動每個人的智慧潛能。在這本書裡，我們看到大師、聽到大師、感受到被長者關愛的幸福。我們珍惜這份疼愛，記住師父的叮嚀：「恆以慚愧水，洗滌懈怠心」、「心常隨人，人莫隨心」、「自疑不信人，自信不疑人」、「讀書如吃飯，每日三餐」、「學『講話』，更要學『不講話』」……。

猶記得五、六歲時，外婆牽著我去聆聽大師講經說法。遠遠望去，我看到大雄寶殿上有兩尊佛：一尊是坐在後面微笑不語金金的佛，一尊是坐在前面說說笑笑，讓大家都很歡喜「會說話的佛」——我親愛的大師。從小，我就愛他，外婆說大師就是佛，來人間看我們這群小菩薩有沒有愛心、聽話，也照顧他們那些大菩薩有沒有不比較、不計較的認真修行：給人歡喜、給人信心、給人方便、給人希望。大師教大家廣結善緣——存好心、說好話、做好事，教大家尊重包容——知福、惜福、造福，教大家慈悲喜捨——知恩、感恩、報恩。

大師最擅長以「小」故事說「大」啟示，信手拈來，親切幽默，讓徒眾毫無壓力，卻又受益良多。在日常生活中實踐佛法，告訴我們走路時，「讓人一步」，就是奉行佛陀的大乘普濟精神。每個人隨時隨地、行住坐臥都要自省觀照，領會「人間佛教」是大眾重於個人，利他重於自利。

感謝這本書如實重現大師的丰采，讓人能更親近大師，更能意領神會大師的慈心悲願。景仰大師之餘，更慶幸自己能有如此殊勝因緣，得以受教。

願普天下之人都能同霑法益，法喜充滿。

（本文作者為加拿大溫哥華中文學校創校校長）

## 轉念處處是智慧

禪學，看似清淡有致，實則意在言外、高深莫測；佛學，看似深邃精妙，實則存在於呼吸吐納、生活細節間。而「人間佛教」這四個字，也就是星雲大師一生倡導的習佛精髓。禪宗主張：「不參破，不閉關；不開悟，不住山。」佛門弟子無論在家出家，只要心中有佛，有度眾生的大願，都是極好的修行。南泉普願云：「須向那邊會了，卻從這裡行履。」亦是說明，不應錯將絕寰避世當成佛門修行的生活形態，而須懂得返步著眼在「人」的諸多課題上。

於是，星雲大師在本書中，以淺顯的語意、簡短的故事交相鋪陳的篇章，起落有致地揭示人們常見的迷障。禮佛不應只奉鮮花素果，而是在生活中以慈悲之心行口惠，尊重並幫助他人。「人間佛教」不只度眾，更是修心之道。星雲大師說：「未成佛道，先結人緣。」便是將宗教的色彩轉化成人人均能受惠的春雨，展現了高度的佛學涵養。

在本書中，俯拾即是星雲大師從佛學提煉的智慧之語：

「人一生想要擁有的，不一定能如願。不想要的，也推卸不了。」就是這麼一句話，簡單敘說了人們諸多的煩惱根源。

「人成即佛成。」那些精鍊受用的語句，字裡行間的方便之門，更囊括了許多偉人的經典雋語，乃至星雲大師母親的真知灼見，在在讓人欽歎。使人捧讀思忖之間，眼界愈益開闊，靈台益加清明了起來。

對禪學有興趣的您，這是一本不可忽視的照鏡之書；

對佛學有研究的您，這是一扇不可錯過的方便之門；

對生活深感煎熬的您，這是一潭不可多得的滌心甘泉。

讀《星雲大師教你一念轉運》，讓我們在星雲大師的行履歷程中，一同享有自在、一起體會成長！

夏霏

# 目錄

# 輯一

星雲悟禪

# 得意與失意

在我心中，一直有這感受：

水可以當茶，茶不可以當飯。
詩可以當文，文不可以當法。
曲可以當歌，歌不可以當道。
技可以當財，財不可以當富。
名可以當貴，貴不可以當佛。
人可以當力，力不可以當我。

凡事為大眾不為自己者，皆不俗氣。

我生平很得意的一件事是，二十二歲到台灣時，有半年之久沒有一張紙、一枝筆供我寫作。有一次參加秋季法會，得到三十元的襯錢，就跑到中壢街上買筆、買墨水、買筆記本，一下子三十元就花完了，但買得好歡喜。那種「歡喜」數十年來再也不曾有過。現在我對錢，已能隨有隨去的處處無跡，實在說，除了六塵的世界外，還有另一個空無的世界！

這一生中當然也有挫折。

戰亂中無故被捕，在送往槍決的途中，眼前世界一片昏黃黯淡，面對死亡，心中並不十分恐懼，心中唯念：「我現在才二十二歲，即將赴死，生死宛如水泡一般，剎那間就要消逝無蹤。師父和親人都還不知道……」想著想著，忽然有一個人走來，帶我步出刑場。這一次意外的死裡逃生經驗，對我而言，只不過是亂世中的一段小插曲，自始至終，並沒有感到挫折沮喪或憤恨不滿，只是覺得佛法無常的真理，到處都可得印證。

民國三十八年春暖花香之際，隨政府來台，由於謠傳五百名僧侶被密遣來此從事滲透顛覆工作，慈航法師與我等數十名外省籍出家人，遂遭牢獄之災，牢中二十三天，不但不能躺臥休息，還備受綑綁扣押，呼來喚去之待遇，但那時心中坦蕩，並不以此為苦，只是時常感到飢腸轆轆，盼望有人能送飯菜來，後經吳經熊居士、孫張清揚女士（孫立人將軍夫人）等百般營救、辛苦奔波，才將我們解救出獄。當時，心中唯存感念，毫無失敗狼狽之感。

初到台灣，由於人地生疏，投靠無門，幾無容身之處，後承中壢圓光寺妙果長老慈悲收留，感激涕零之餘，當下決心為常住效命，除每日發心買菜、打水、掃地、清廁、服務住眾外，還教書、看管山林。在工作時，感恩之心時常油然生起，故能任勞任怨，生活上的清苦則拋諸腦後。閒暇時，便讀書自修，撰文投稿，希望自己能有所突破。我相信自己只要有力氣，有膽識，不畏艱難，必能有所成就。

民國四十六年，得各地信徒之助，在新北投購得一屋，為其命名「普門精舍」。記得那年一場颱風豪雨，如排山倒海般，傾盆而下。忽聞屋後轟然作響，原來半山腰的落石滾滾而下，時值半夜，一片漆黑，無法找人來幫忙，唯有安然端坐，念佛誦經，祈諸佛菩薩加被。記得那千軍萬馬的風聲雨聲，呼嘯不停，心中倒不懼，只感嘆「好不容易結束流浪奔波的生活，得以安住讀書辦道，現在如果房子垮了，恐怕別人要見笑，星雲沒有福氣。唉！隨緣吧！」次日天亮，風停雨罷，信步踱出屋外檢視災情，只見山上半部仍完好，但下半部則因完全崩落而架空，精舍居然沒有被落石壓垮，眾人目睹此景，莫不咋舌稱奇，為我捏一把冷汗。隨緣樂觀的個性，使我歷險如夷，真不知道什麼是挫折和失敗。

佛光山開山的最初十年，也都是在與狂風暴雨搏鬥中成長。佛光山土質不好，易被沖刷。而當初興建時，由於經費人力的缺乏，沒有確立防洪系統，大雨來時，浩浩洪流，順著山勢滾滾而下，往往將擋土牆沖毀，泥土隨大水流去，可說十分危險，我經常率領弟子在半夜三更搬沙包，甚至用棉被來擋水填洞與山洪抗鬥。雖然在暴雨狂風下，每個人都全身冰冷疲憊，心中卻充滿法喜，頗有成就感。佛光山就在這樣的血汗交織下開闢而成。

回首來時路，這一生中縱遇驚濤駭浪，山窮水盡，心中仍能一保常態，充滿信心與希望，故能視順逆一如，雖有挫折，但從未有失敗之感。

得知孫立人將軍往生，深感「歲月是所有事物中最難分界與似是而非的」。民國三十八年，我跟隨孫將軍軍隊所辦僧侶救護隊來台，其一生事蹟，在中、老年人的記憶中是十分深刻的。在孫將軍漫長的三十五年幽禁生活中，民國六十八年曾到佛光山住了三天，轉眼，已是十二年前的事了。

孫將軍的遭遇讓我聯想到一個小故事。

衛靈公身旁有位很得寵的美少年彌子瑕，有一天，陪著靈公到果園，發覺桃子的味道甘甜，就將吃剩的一半分給靈公食用，靈公非常讚美地道：「愛我哉！忘其口味，以啗寡人。」

又有一次，彌子瑕因父病，情急之下駕著靈公的車子趕回去探病，靈公更誇讚其孝心。日久，彌子瑕的容貌日益衰退，也因而失去靈公的寵愛，兩人的感情也日漸疏遠，無論他做任何事，都招致靈公的厭惡，甚至受到「是固嘗矯駕吾車，又嘗啗我以其餘桃」的不滿。

君伴臣，要不要你，都在他的一念之間啊！

登天難，求人更難；
黃蓮苦，貧窮更苦；
春冰薄，人情更薄；
江湖險，人心更險；
知其難，甘其苦，
耐其薄，測其險，
可以處事矣，
可以應變矣。

不知你以為然否？

# 「禪」與「禪悟」

「禪」，不管在什麼場合，都是最常被發問的題材，其實禪是言語道斷，心行路絕，不立文字，教外不傳；但為了把禪的境界介紹給有興趣的人，又不得不藉著言語來闡述，所以也只好說：「妙高頂上，不可言傳，第二峰頭，略容話會。」

禪的最大特色是——獨立承擔，自我追尋，自我完成，禪最直接的方式是從生活上去實踐，一屈指、一拂袖、上座下座，無一不是禪。

禪也不是想像中的枯木死灰，老僧入定，真正的禪師是生活風趣而有幽默感的，禪更不是神祕的東西，它是不離生活，所謂穿衣、吃飯、睡覺都是禪。所以古代的禪師，對修禪的人當頭棒喝是教禪，禪者揚眉瞬目是論禪，一日不作一日不食是參禪，趙州八十行腳是修禪。

佛門的歷代祖師大德，大多是從苦行中修道開悟的，尤其是禪宗，以黃檗禪師的種田，溈山禪師的採茶，石霜禪師的篩米，靈嚴禪師的做鞋，臨濟禪師的栽松，仰山禪師的牧牛，雪峰禪師的砍柴，雲門禪師的擔米……，所以就是在廚房裡煮飯燒菜，也與打坐、參禪、念佛一樣，是在修行，燒出可口的菜肴是道行，也是一種藝術。

禪需要用心去體會，用言語文字闡述反而更引起大家醉心的追求。

「禪悟」是一體兩面，「悟」是非思、非想、非言，不必解釋的當然道理，但很多人關心「禪」，卻忽略「悟」，這都不是真正懂得禪。

禪，有時提示我們「內心世界」與「心外世界」的差別，常人總以為心外的世界很寬很大，而不知心內的世界更寬更大。佛經上說：「心包太虛，量周沙界。」可見人的心量有多寬敞。

禪也告訴我們，無分別而證知的世界，才是實相的世界。我們所認識的千差萬別之外相都是虛假不實，幻化不真，甚至我們所妄執的善惡也無「絕對」的。好比我們用拳頭無緣無故的打人一拳，這個拳頭是惡的，但我們好心幫人搥背，這個拳頭又變成善的，可見善惡本身沒有自性，事實上拳頭本身無所謂善惡，這一切不過是我們對萬法起的差別與執著。禪的世界是要我們超出是非、善惡、有無、好壞、榮枯……等相對峙的世界，到達一種絕對真實與圓融的世界。

禪也明示我們「物我合一」的觀念，我們常認為物是物，我是我，物我之間的關係是對立甚至不能相融的。究其原因是因為我們把世間「空有」分開，因此產生種種的矛盾、衝突、差別，但在禪師的心中，物我是一體的。外相的山河大地與內在的山河大地無區無別，大千世界就是心內的世界，物與我之間已沒有分別，而將它完全調和起來，泯除物我的對待，才能得到圓融的統一與實相。

禪也叫我們從差別中認識平等，從動亂中認識寂靜。要從有限的時空中去創造無限的時空，以有限的生命去擴充無限的生命。如能體悟「無生」的道路，超越時間「去」「來」的限制，生命就能在無盡的空間中不斷的綿延擴展，不生亦不滅。所以禪也不是知識與口舌的逞強爭勝，而是知行合一。

宋朝的歐陽修，有次到嵩山遊玩，見一老和尚獨自閱讀經典，上前請益：「禪師住此山多久了？」

老僧答道：「非常久了。」

「平日誦讀什麼經典？」

「法華經。」

歐陽修問道：「古代高僧，臨命終時，能預知時至，談笑自如，生死自知，是何原因？」

「是定慧的力量。」

「現代的人寂寥無幾，又是什麼原因？」

「古德念念皆在定慧，臨終哪裡會散亂？今人念念皆在散亂，臨終哪裡會有定慧？」

歐陽修雖是宰相之尊，卻也在佛法中找到他的安止處。

蘇東坡在江北瓜州任職時，與金山寺只隔一條江。有一天，自認修持有得，寫一首偈來表達其境界，得意地派書僮過江把偈子送給佛印禪師，內容是：

稽首天中天，毫光照大千；
八風吹不動，端坐紫金蓮。

佛印禪師閱後，拿起筆批了兩個字，請書僮帶回去。蘇東坡以為禪師一定會讚嘆自己境界很高，打開一看，只見「放屁」二字，無名火不禁升起，於是乘船過江找禪師理論。佛印禪師早已站在江邊等他。蘇東坡一見禪師就氣憤的說：「我們是至交道友，你怎麼開口就罵人？」

禪師卻氣定神閒：「罵你什麼呀！」

「放屁二字哪！」

禪師哈哈大笑：「你不是八風吹不動了嗎？怎麼讓我一屁就打過江來？」

這也證實禪的境界是超諸文字語言的，言語上說「八風吹不動」，沒有真實的證悟，是經不起考驗的。

禪的有與無、動與靜、行與解、淨與穢，是需要證驗與實踐的，禪詩有云：

達摩西來一字無，全憑心地用功夫，
若要紙上談人我，筆影蘸乾洞庭湖。

如果再問什麼是禪，我就回答：「睡覺去吧！」
我如此淺釋「禪」與「禪悟」，無非是滿大家的願而已。

# 恆以慚愧水，洗滌懈怠心

一生中，只要別人有求，在不妨礙他人、不違背佛法的原則下，我不曾拒絕過，為滿信眾的願，再忙我也抽空去家庭普照；有人問我，為什麼大家都喜歡親近我？其實很簡單，人與人相處，都希望自己能受尊重。用語言、態度、眼神、舉止去侵犯人或欺侮人，都是我不允許的，所以跟我在一起的人，沒有被奚落感、沒有被排斥感。

信眾問釋迦牟尼佛為什麼選在娑婆惡臭的地方度眾修行？主要是汙泥中易長蓮花。十六歲才開蒙入閩南佛學院就讀的智藏法師，在清掃淨房時，都用手去刮除汙垢，並爬到陰溝裡去消除髒穢，二十二歲時即負責《海潮音》的編輯工作。我也希望我的徒眾，不要沉溺於安逸，時時要有「恆以慚愧水，洗滌懈怠心」的警惕，要從苦行中去培養自己的福德因緣，無福德因緣是不易開智慧的。

我患糖尿病數十年，未服藥物而能一切如常，想是與我早年的叢林苦行有關，就以吃來說，早年的叢林生活中，吃最多的是沾有鳥糞的豆腐渣、發臭的酸菜、長蛆蟲的蘿蔔乾，這些食物我是倒進喉嚨，閉氣吞食，一來訓練腸胃的消化力量，二來練就了閉氣功，所以直到現在我始終不貪吃，一碗白麵也覺得可口。

我也告訴信眾具「大眾化」性格是一個領導者不可或缺的要件，尤其是與人共處時，有的人不習慣施些口惠，隔閡、誤會、猜忌就應運而生；如何讓幹部坦誠訴說他的需要，仔細聽他的建議，認真考慮他的要求，這是主管必須用心的。泥土經過水流才平坦，木材用繩墨測量才平直，人要廣納別人的規勸，才是進步之方。所以我一再強調「廣結善緣」是人與人之間溝通友好的不二法門。

有人說讀書不達世務是腐儒，不體聖言是呆漢，不懂求進步，只固守己見排拒他人，終究會被團體、社會所淘汰。人我相處在於彼此快樂，如此才能安心，站在對方的立場「體貼」一下，不以情緒待之，我以為「世事如同棋一局，有遠見者勝」。

有徒眾問我怎麼會寫文章的？憶起寫作也有一段心路歷程。

我在棲霞佛學院就讀時，有一次作文課，題目是「以菩提無法直顯般若論」，那時年紀尚小，還不懂題目的意思，但我仍很用心的寫了好幾張作業紙，老師批閱後的評語是——

兩隻黃鸝鳴翠柳

一行白鷺上青天

老師竟然給我批了詩，興奮地拿給學長看，學長說：「這詩的意思是『不知所云』。」

又有一次，作文題目是「故鄉」，老師給我的評語是——

如人數他寶
自無半分毫

文章寫不好是不知所云，寫得好則有抄襲之嫌，這個過程似乎是每一個想成功的行業所必須歷練的，所以說沒有天生的彌勒、自然的釋迦。

人生是一連串的責任累積，責任則是來自自我的要求和別人的期許，就算你抱著自了的心態，可忍心辜負別人對你的期許？就如同我養子弟，如養芝蘭，既積學以培之，更積善以潤之，不敢有所懈怠。人之所以不會進步，就是將自己視野的界限，誤認為是世界的界限，我一直以此警惕自己。

事情過了許久，信眾還在問許家屯的事，許先生在任香港新華社社長期間，了解中共高層政策，以及在香港六年的機密，中共、美國、英國都認為他很重要，但不管他如何重要，一個離國出走的人，他內心的痛苦有誰知道呢？我順其要求，安排一地方安住，完全本著佛門慈悲為懷的心情，不想政治的利害得失，如果連我都不能容他，還有誰能容他？

我對徒眾說每個人都是由四種骨頭組成——

許願骨：老是希望別人替他完成工作。

顎骨：只管說話，不做其他事。

指骨：專指責別人所做的一切。

脊骨：承擔責任，做大部分的工作。

人，都要有骨氣，但要看是哪一種骨。

有人問我：「為什麼會苦惱？」

會苦惱的人是對苦樂、榮辱、得失、生死太計較，被其所牽制；如果能從中解脫出來，自在、快樂自然垂手可得。

有位信眾告訴我：「我學游泳很久，就是學不會，有一天作夢，夢見我在游泳，很會游，醒來之後，我照著夢裡的游法，結果一游就會了，這是什麼道理？」

我告之此為「獨頭意識」，我曾有多次背經文的經驗，在睡覺前熟讀後就寢，第二天醒時，身體不動，回想睡前背誦的經文，一下就背會了，挺管用的。

有位「當位」的信徒請我開示如何為官？

我告之為官之要——用心要正、律己要廉、事君要忠、事長要敬、處事要信、待人要寬。

為官之忌——遷怒部屬、官僚氣勢、急於功名、貪財好利、虛浮敷衍、心量狹小。

他當知我意。

「一」有許多妙用——

一水貫通五湖四海

一月遍照萬國九州

一雨普潤三春草木

一心廣含十方虛空

……

但，大地呀，眾生呀，權力呀，你可懂得「一念之間」嗎？

# 「生活」比「生死」重要

儘管現代科技文明帶給大家在生活上有很大的貢獻，但科技卻不能讓大家情意交流，在相處上就很苦。故溝通、來往、融洽，實在比科技在實質上更讓人有貼切感。

太虛大師的人間佛教思想是「生活比生死重要」，生活解決了才能了生死，有出世思想才能做入世事業……。大乘佛教是先了生後脫死，先重視生活問題的解決，再來談往生西方。所以我一再提倡「生活第一、生死第二」。但有些人不太實際，一信仰佛教，就忙著要了生脫死，眼睛閉起來不看人，嘴巴閉起來不說話，暮氣沉沉，只想入山林閉關。我告訴徒弟們——「不參破，不閉關，不開悟，不住山。」

現代人口邊常講的修行，是形式上的、逃避式的，無慈悲、無佛法的修行，都是佛門小乘、不發心的焦芽敗種！

道源長老曾云：「修行、修行，把佛教都快修完了！」人家對佛教不熱心、不關心，假借「修行」名義而不過問，佛教自然就快要完了！

印順長老也說：「修行、修行，其實有些人將修行當作懶惰的代名詞。」對弘法家務不熱中，對利生事業不積極，不想做事的懶人，才想到要修行。

佛道遙遠，非那麼簡單容易，不是用嘴「嚷嚷」就是有修行。佛光山叢林學院的學生，每天清晨四時三十分起床，然後早課、典座、過堂、打掃；七時到十時，上課、過堂、跑香；下午一時三十分到四時三十分，上課、出坡；晚上七時到十時，晚自習、晚課；十一時，打坐、安板。行解並重的修行每天十四小時以上。

修行非口號、形式，而是要將佛法運用到生活中、修行在生活中，用慈悲的語言度人，用慈悲的眼光待人，用慈悲的面孔對人，用慈悲的手助人，用慈悲的心祝福人……，生活中有佛法，才叫「修行」！

還有，社會上一般人士只喜歡做善事，但比善事更高一層的是文化、教育，慈善事業任何人都可以做（小偷、強盜依然可以用贓物來布施），而教育、文化事業就非有般若智慧者，不易做到。所以改善社會風氣，要澈底從心靈改變起。多鼓勵助學貸款、委託研究、獎勵出版……以激發大眾對文教事業的重視！

除此，人生活在世上是要快樂的，故我提倡的人間佛教就是要大家從佛法中獲得快樂、幸福。如何「快樂」呢？有名會帶來盛名之累，有錢煩惱會更多，情愛易招致是非糾紛，這些都不是究竟快樂。有宗教信仰能使我們有個安身立命處，使自己活得更自在！（但若無正知正見，信仰反成為執著，易生邪見。）信仰能讓生活昇華，擴大信仰能獲得更多我們想要的東西。

就像我對器官移植的看法——我贊成器官移植，與其讓身體被蟲蛀、腐爛，不如將有用器官加以移植，讓別人能延續生命。人生在世都有缺陷，何必要求死後一定要「全屍」呢？

在《莊子》書上有一則故事說：

堯在一次微服探訪民情時，碰見一位封人（國境管理員），封人盛讚堯說：「你真是聖人！願您長壽、多子、多福。」

但堯卻不悅於這種祝詞，封人不解問為什麼？

堯：「男兒多，愁慮不絕；錢財多，煩事增加；壽命長，需要忍耐的恥辱也多。雖是你好意祝福，我還是敬謝不敏。」

封人：「我們把您當成聖人的想法可能錯了。天生我才必有用，無論您有多少兒子，如果您依照天道教導他們，一定沒有什麼愁煩之事；雖然擁有龐大的財產，若能樂善好施，也不會有什麼困擾；如果對人生有何厭煩之感，大可雲遊四方，自由馳騁，如此又如何遭受恥辱呢？」

堯聽後，舉手為謝。

曾參與大陸法門寺寶物挖掘工作的范炳南先生來看我，他在寶物挖掘的過程中親歷了很多神奇瑞相，忍不住要與我分享。

法門寺位於陝西扶風之北的崇正鎮，以收藏佛陀遺跡「佛骨」稱著。佛骨不知增加多少人信心，卻也歷經不少苦難（兵災、挖掘、盜墓）。唐憲宗時，刑部侍郎韓愈上《諫迎佛骨表》諫其非，使憲宗大怒，而貶為潮州刺史。

大陸文革時，紅衛兵集眾要挖掘地下寶物時，有好幾萬條青蛇竄出保護，很多護法都勸阻不要再挖，紅衛兵只好蓋上。可是不久，紅衛兵又再度進行挖掘工作，大約就差再挖一鋤，法門寺住持和尚用焚身死諫來阻止，紅衛兵只好再封口。

一九八六年，一群考古學家，在進行挖掘工作時，特請法師誦經念佛，挖地深度約有幾十尺，地窖一打開，到處芳香撲鼻，在地面上的法師佛號聲句句分明，法師們全身通紅、放光，感動在場的每一個人，共產黨簡直不敢相信。地窖下有二千一百七十多件的寶物，現皆陳列於法門寺博物館。幾年來的展出，令北京的中山博物館黯然失色。

我第一次往大陸時，法門寺免費招待參觀舍利，親睹佛骨，令我益發度眾廣大願心。

感冒甚久，尚未痊癒，徒弟說：「師父，您再看一次醫生，吃兩天藥就好了。」

「我故意不讓它好。」

徒弟不解地望著我，接不上我的話。

我笑答：「比丘要帶三分病才有道心；二是要當你們的榜樣，生病也要做事，要懂得『為法忘軀』；三是考驗自己，磨練自己。」

但願徒眾們能了解我的願心。

# 竹焚不毀節　人，不變隨緣

又是新的年度開始，人總要在此時回首一下一年的修為，問問自己學識進步了沒有？道德增加了沒有？性格平和了沒有？習氣改除了沒有？物質淡化了沒有？一個人的學習心態決定自己的收穫。

人，是很奧妙的生靈。

宋朝太尉王旦曾舉薦寇準為宰相，寇準經常在皇上面前說太尉的缺失，而王太尉屢次稱讚寇準的長處。有一天，真宗對王旦說道：「你經常在我面前讚美寇準，可是他卻專議你的不是。」

王旦：「這是必然的道理，我擔任宰相時間很久，政事自必有不少缺失，寇準對陛下能直言無隱，足證他對陛下的忠直，這也是我所以推崇他的主要原因。」

人有所長，必有所短，可因知短以見長，不可忌長以摘短。我對用人的看法是：

取人之直，疏其諂曲。
取人之樸，疏其奢侈。
取人之寬，疏其狹隘。
取人之敏，疏其懶惰。
取人之辨，疏其迷糊。
取人之信，疏其虔偽。

人在四大不調時，身體就有病；遇到不悅的事，心裡就有病；惡口傷人或妄語，口中就有病；擺臉色給人看，臉上就有病。學佛的人不要讓身、口、意生病。

有一首偈語說得好——

面上無嗔是供養，口裡無嗔出妙香
心中無嗔無價寶，不怒不恨最正常

玉碎不改白，竹焚不毀節，和而不流，同而不黨，不變隨緣，如六祖惠能在獵人群中吃肉邊菜。「方便」就是智慧。

大其心容天下難容之事　同其心悲天下待救之眾
潛其心觀天下微妙之理　寬其心聽天下難忍之言
入其心測天下變化之局　平其心論天下不平之道
定其心應天下無常之變　發其心度天下受苦之人

能以此為之，方為成熟之人。

俗云：君子以道為友，小人以利為友。人還總是離不開朋友，我對朋友的感覺是：

對淵博之友，如讀奇書異誌。
對風雅之友，如讀明人詩文。
對幽默之友，如讀傳奇小說。
對謹慎之友，如讀聖賢經傳。

人，常怨天，我卻常以「天薄我以福，吾厚吾德以迓之，天勞我以形，吾逸吾心以補之；天阨我以遇，吾亨吾道以通之。天且奈我何哉！」

《遺教經》云——「若欲脫諸苦惱，當觀知足，不知足者，雖富而貧。知足之人，雖貧而富。不知足者，常為五欲所牽。為知足者之所憐愍，是名知足。」

要解決人我問題也不難，我自持十修：

修人我不計較　修彼此不比較
修處事有禮貌　修見人要微笑
修吃虧不要緊　修待人要厚道
修心內無煩惱　修口中都說好
修所交皆君子　修大家成佛道

看這十修多簡單，對一般人卻也不易成就。

為人難，難在——

恩宜自淡而濃，先濃後淡者，人忘其惠；
威宜自嚴而寬，先寬後嚴者，人怨其酷。

范仲淹的學生中最有名的是富弼，從小便專志學問，肚量很大，有人罵他，他總裝作沒有聽見，如有人面告他，富弼便說：「恐怕是罵別人吧！」

「我聽見他罵出你的名字呢！」

「你怎知天下沒有與我同姓同名之人？」

凡事都往好處想的觀念，是人際相處的潤滑劑，也是為人厚道的根本。

宋代，石曼卿學士出遊報寧寺，侍從不留心，使馬受到驚嚇，馬背上的石曼卿因此摔了下來。

隨從大罵侍從，而石曼卿只溫和地握著馬鞭，對隨從說：「好在我是『石』學士，如果是『瓦』學士，豈不要摔破了。」

一句幽默的話，一些和善的語言，會化解人的難處，也是禪的生活。

中國的民族性是不喜人好，不喜人突出，故「一枝獨秀」的風格，較易受到排斥。所以老莊哲學和道家的太極拳，可以訓練我們凡事不要操之過急，採低姿態較易生存，何況真金不怕火鍊，汙泥能出蓮花，沒有挫折、逆境，如何陶冶力量？

人生若不想留白，在於自己的思想，快樂與否並不重要，重要的在於是否有意義！

唐伯虎有一首詩——

人生七十古來稀，前除幼來後除老，
中間光景不多時，又有炎霜與煩惱。
過了中秋月不明，過了清明花不好，
花前月下且高歌，急需滿把金樽倒，
世上錢多賺不盡，朝裡官多做不了，
官大錢多心轉憂，落得自家頭白早，
春夏秋冬撚指間，鐘送黃昏雞報曉，
請君細點眼前人，一年一度埋荒草，
草裡高低多少墳，一年一半無人掃。

人，如何解？寒山大師有一首詩選：

昨夜得一夢，夢中一團空，
朝來擬說夢，舉頭又見空，
為當空是夢，為復夢是空，
相計浮生裡，還同一夢中。

這真是浮生若夢，有什麼好在意的？

# 學「講話」，更要學「不講話」

《聯合報》的「文化廣場」專欄喻《普門雜誌》為「佛教的《聯合文學》」……佛門刊物能入書店的銷售系統，畢竟好書是不寂寞的。偶然，和徒弟們談到編雜誌的趨向，是以讀者的需要為重點，在求新求變的原則下，提供大家新、速、實、用的資訊與新知，讓讀者的運脈隨著文章在字裡行間跳動，才是雜誌的「生命」。而這個「生命」是要靠大家集體創作，彼此配合，而非單打獨鬥或自我表現。單打獨鬥的人才容易找，懂得跟別人配合的人才不易找。

談到書，研究科學要閱讀新書，研究文學要閱讀古書，研究經典則永遠要讀古今中外之書。

英國格拉斯哥市，一家書店門口，總放著一箱舊書，有位靠獎學金過活的窮學生，在箱內看到一本學校指定要看的書，就每天花些時間讀一章。後來他賺夠了買那本書的錢，而那本書已不在紙箱裡了。

他詢問之下，老闆伸手從身後書架上面取下那本書，把它遞給窮學生道：「有位先生想買這本書，可是我知道你還沒有看完。」

這則故事讓我很感動，為窮學生的苦讀，為書店老闆識才惜才的胸懷！

記得十一、二年前佛光山要成立研究部時，因在南部聘請老師不易，就想將研究部遷到台北，曾多處商洽一個多月，仍借不到一個場地可供給研究生上課，深感空有理想抱負，沒有錢還是做不了事，於是我就親自帶領了當時的研究生如依嚴、慧禮、依恆……利用假期回佛光山賣麵，到殯儀館、太平間去誦經，大家同心協力儲錢辦研究部。

每當有人批評佛光山賣東西、商業化時，我常為這些學子抱不平，就在這些不公允的言論下，佛光山一所所的佛教學院、國際學部相繼成立，一批批的留學生分布日、韓、歐、美、印度各地……。

雕塑名家朱銘先生，有一次在接受訪問時表示：「擬定人生目標，並為這個目標犧牲、付出。每個人的人生價值不同，要選擇適合自己做的事，我的目標是要成為國際性的藝術家，為這一代的中國人爭一口氣，這是我所負的使命。」

我想能將「使命」當成終身目標，是現代青年學子的榜樣。

對徒眾開示座談時，常引用「三十六計」中的名詞，我們雖不懂戰術，卻能將這些「計謀」朗朗上口。「三十六計」是中國人引以為傲的集智略之大成，完成於什麼朝代？何人整理？已無可考，《南齊書》：「檀公三十六計，走為上計……」。「三十六計」之書分為六篇——

一、勝戰之計

瞞天過海　圍魏救趙　借刀殺人
以逸待勞　趁火打劫　聲東擊西

二、敵戰之計

無中生有　暗渡陳倉　隔岸觀火
笑裡藏刀　李代桃僵　順手牽羊

三、攻戰之計

打草驚蛇　借屍還魂　調虎離山
欲擒故縱　拋磚引玉　擒賊擒王

四、混戰之計

釜底抽薪　混水摸魚　金蟬脫殼
關門捉賊　遠交近攻　假道伐虢

五、拼戰之計

偷龍轉鳳　指桑罵槐　假癡假呆

上屋抽梯　樹上開花　喧賓奪主

六、敗戰之計

美人計　空城計　反間計

苦肉計　連環計　走為上計

若能熟記之，必是妙用無窮！

時下社會非常流行「單身貴族」，乍聽之下似乎很優雅，但最近向我請示問題的也屬這一族的人數最多。雖然在物質方面享受得比別人富裕，但金錢不是生活的全部，尤其是單身女性沒有安全感、沒有未來性，就算自己有事業，也是永無休止的付出。人生不一定要走賺錢的路，可以過另一種慈悲、道德、寬廣、禪定、般若的生活，只為工作而生活，並不代表人生！

中國人有個奇怪的現象，不喜歡用眼睛，不喜歡用耳朵，只喜歡用嘴巴。

佛陀在說法的時候，都是六根互用的。過去蘇格拉底在教人講演，一個人的費用是十元。有一天，來了一個年輕人要學習講演，說了一大堆講演如何重要的理由，竟講了半小時。蘇格拉底就對他說：你要交二十元的學費。年輕人抗議，為什麼別人交十元，而我要交二十元？蘇格拉底說，我教別人只教「會講話」，教你卻要先教會「不講話」，所以要收二十元。因此，我們要學講話，尤其是「講好話」，同時也要學會「不講話」。

在焦山佛學院時，我也學不講話，禁語了一年，當時年紀還小，忍不住要說話，於是跑到大雄寶殿後面，自己打自己嘴巴，打得流血，責備自己為什麼守不住承諾，違背自己的誓言。不過，講話應當講則講，不當講就不要講。譬如，我如果要大家講話，大家一定不講，沒有話講就解散吧！一解散，大家馬上又有話講——這叫當講不講，不當講卻要講，所以人要常自我訓練。

記起日本有一位楠木正成將軍，在往生時，衣服裡留下了「非、理、法、權、天」五個字，喻是非不能勝過道理；道理不能勝過法律；法律不能勝過權勢；權勢不能勝過天，「天」是因果的道理，自然的原則，因果才是最後勝利者。有一位地方法院的分院長對我說：「我從基層幹起，審過無數案件，有些不公平的事，在法律上卻是勝利者，那是『命』。」

我告訴他這是因果，因果是最公平的！

# 妄想摧殘人心

## 只怪結果是愚癡

不一定每一個人都要做棟梁，做桌子、椅子、黑板一樣很有用！若不知自己的長短在哪，捨長就短不僅可惜，也很浪費時間。凡事以——

從淺處著手
從無處落腳
從疑處用心
從拙處力行

也算禪門之行。

在高速公路上常生感觸——人生遇挫折受阻，必定在過程上有所差錯，就如開車會被開罰單，不外是超速或闖紅燈，故為人處事寧可慢些，不要太急而錯誤；寧可笨些，不要太巧而敗事，在遇挫折不順遂時，要將「原因」找出來，並痛切地面對不推諉，如此在人生道上自然會暢行無阻。不明原因，只怪結果就是愚癡了。

《左傳》云：「喜生於善，怒生於惡。」人遇到不順遂時，最容易引發嗔心，有的人喜歡將嗔怒刻在岩石上，他容易發怒，而且永記不忘；有的人喜歡把怒氣寫在沙上，他發怒了，但很快就消失掉；另有一種人喜歡把怒氣付諸流水，不讓不悅的事情留在心底，他讓誤解和閒言閒語悄然逝去，他心裡永遠清純不受干擾。

每一個人對嗔恨的疏導方法不盡相同，但「一念嗔心起，百萬障門開」卻是值得用心深思警惕！

人，求知進一步想，處事退一步想。

人，有享不到的福，沒有受不了的苦。

人，要做正直君子，不要做消極好人。

人，能受天磨方鐵漢，不被人忌是庸才。

人，不是疾病致其死，而是妄想摧殘人心。

君子拙詞不知己，而信於知己者。

一切屬他則名為苦。一切由己，自在安樂。

## 沒有所謂失敗

法國大文豪雨果曾說：「對那些有自信心而不介意暫時成敗的人，沒有所謂失敗！對懷著百折不撓的堅定意志的人，沒有所謂失敗！對別人放手，而他仍然堅持；別人後退，而他仍然往前衝的人，沒有所謂失敗！對每次跌倒，而立刻站立起來；每次墜地，反而像皮球一樣跳得更高的人，沒有所謂失敗。」

## 不要和無理的人講話

司馬師是魏國人，他帶兵東征，俘虜了賢士李喜，並封他為官，司馬師問李喜：「從前我的父親徵召你做官，你置之不理，如今我徵召你，你為何又來了？」

李喜：「從前你的父親司馬懿以禮節徵召我，所以我可以依照禮節自由進退。如今你用刑法來束縛我，因為我畏懼刑法，所以不敢不來。」

人，寧可與明理的人打架，不要和無理的人講話。

## 尋一條退路

劉邦做了皇帝以後，有一次因病，傳旨誰都不接見，一連數日，許多事情都不得奏報，文武百官為朝中大事非常焦急，但又不敢進宮見駕。

將軍樊噲很惱火，闖進宮去，一直來到皇帝床前，高聲道：「想當初，您在沛縣起兵時，何等英雄氣概，今天下已定，精神卻反而如此不振？您重病不與大臣商議國家大事，整天只和一兩個太監待在深宮裡，難道您忘了當年秦始皇病死時，宦官趙高假造遺詔，殺害公子與文武大臣，禍亂天下之事嗎？」

劉邦聽罷翻身起床，馬上召見群臣，商議大事。

當得意時，須尋一條退路，然後不死於安樂；當失意時，須尋一條出路，然後可生於憂患。

「生活」的意義是——

生活艱難時，要面對它。生活安靜時，要接受它。
生活辛苦時，要體驗它。生活憂傷時，要克服它。
生活滿足時，要享受它。生活迷濛時，要揭開它。
生活活躍時，要把握它。生活美好時，要歌頌它。
生活挫折時，要奮起它。生活清閒時，要計畫它。
生活思考時，要完成它。

## 感念在心底

記得我是民國四十一年到宜蘭，四十年前雷音寺的位置、大小不及現在的八分之一，當時在兒童班、青年會走動的小朋友，現在都已為人父母或升級為祖字輩了，但他們對雷音寺的護持可說數十年如一日。老一輩的信眾有的已往生。當我觸及雷音寺的一磚一瓦時，仍會憶及他們的行誼。有一次在打佛七，有位信眾怕我沒胃口，就在碗底藏了一塊豆腐乳，讓我比較好下飯。我吃東西有一個習慣，除了有殼有籽的外，只要在碗裡，一定會全部吃完，為了讓信徒安心，只好將整塊豆腐乳吃下去，鹹在口裡，卻感念在心裡……

舊時天氣舊時衣，
唯有心情不似舊時情。

## 盡一點自己的心力

大陸畫家李自健來訪，帶來多張他為我拍攝的照片，請我挑選，以便替我畫像時參考。

李先生不但具有才華，且有滿腔理想與抱負，無奈因生活，只好為「生活」而畫。我為了成就其作畫的理想，特將「蒙地精舍」借給他住，讓他安心作畫，他高興得不敢相信天底下竟有這麼好的事。在我，只不過是盡一點自己的心力，實不忍心看到人才被埋沒。

我送李先生一本《護生畫集》，他願意以「愛心」作主題，畫出一系列有水準的藝術畫。我建議他將中國人堅毅不拔、任勞任怨、委曲求全的民族性，作另一專題來描繪。

# 以智慧替代情緒

## 凡事如法，不能我執

民進黨前主席許信良上山禮佛順道與我晤談，許多人關心我與他談話的內容，尤其是我私下與他談話而未公開的部分。

其實誰來看我，誰來和我談話，對我來說都一樣，從不因為對方是政治家、教育家、大企業家或我的信眾而有所不同。站在佛家慈悲的立場，除了弘法，還必須聽聽眾生想說的話，再給予適當的教化，至於來和我說話的人是誰並不重要。有些人可能官位很高或知名度很夠，但或許一個默默無聞而跟我學佛數十年的信徒要比他們對我有意義得多，雖然如此，我也必須承擔，但外人很難理解。有些在位者甚至不諒解我與政治界的人見面，就說我是政治和尚，尤其為了許家屯、千家駒、嚴家其、吾爾開希等人來向我求取「清靜」之道，如今大陸的當位者還介意在心。

我告訴自己，我修習的佛法是要度盡眾生，而不是關門自修，也不是只當個慈善家去濟貧，弘法是有無數法門。

我對許信良說佛家講求「因緣」，追求和諧，訴求要理性，一切以眾生幸福、國家安全為重，凡事要如法，不能我執，不要只有個人主張，而否定別入的主張，要以佛家的精神來超越、來看事物。要以愛心建設自己的國家，要為國家祝福、讚美。更要認定國家的尊嚴，國家的倫理、法治靠我們建立，對自己的國家要有信心，不管哪個政黨執政，都必須確守這個宗旨才能得到民心。民進黨把「台獨條款」列入黨綱，如果因此破壞社會的祥和，明白說我是不贊成的，我希望信徒們生活在彌陀王國，而台灣就是我們的極樂淨土！

## 修得慈悲心

宜蘭妙專師圓寂，他在世間活了九十歲，他不但是好人、善人，也是有修有證的修行人。

民國四十一年五月，他託李決和居士請我到宜蘭弘法，直到四十二年正月我才去，那時他擔任雷音寺住持已有四、五年，這不到百坪的建築物裡住了三戶軍眷，他把佛像旁的一間小房讓我住，房裡有一竹床、一縫紉機，沒有燈、沒有桌椅，三個月後才籌足三十元新台幣向監獄內的商家買了一張便宜的藤椅給我，他實在盡心，從此我和宜蘭結了很深的緣。

除妙專師外，還有妙觀師、覺意老師父，他們師徒三人非常照顧我，從沒有當我是外省人，一直以法師之禮恭敬我，那時我才二十六歲。他們三位都在這十年分別往生了，世事無常，人生夢幻，真叫人不勝唏噓！

我告訴弟子「有求莫如無求好，進步哪有退步高」，唯有先修持忍辱，才能成就其他道業，在順境時忍得住別人的讚美，逆境時受得了毀謗，平時能承受誤會、責難與種種不便，還能將身心安住在忍耐中，才能走向修持。寧可不聰明無智慧，但一定要修持慈悲心，如此歡喜、柔和、忍辱、慈悲、喜捨必在生活中。

## 三間的煩惱

人的很多煩惱常因人我關係處理不好所致，我常說人在世上有三間——

空間：有時候占了人家一點土地、一點位置，空間處理不好，就易產生糾紛。

時間：不守時，太早或太遲，在時間上不恰當，就會遭人討厭。

人間：人我之間不如其分，不合情理，也會產生煩惱。

如果懂得將空間、時間、人間處理好，人生自然自在。我常以四句話處理人我之間的關係——初見三句話、相逢一微笑、爭執一回合、讚美要適當。

若要了解自己，請觀察別人的行動，若要了解別人，請觀察自己的心靈。

與人相處之道，不外多吃虧、多請教、多主動、多奉行。狐疑不信，是學習的障礙，一個人的成功，三分之一是讀書，三分之二是做人、毅力、道心！

所謂「人緣」是敬人者人恆敬之，故生活中要隨緣隨喜。面對他人，態度要大方有禮、表情親切、說話聲音要柔軟，沒有人喜歡「木頭人」的表情。

人之所以不平，大多是因比較心、計較心、偏見、貪欲、嫉妒、嗔恚……而來，故應以「清淨、單純」的心來做事。

處人要處難處之人，做事要做難做之事！任何的破銅爛鐵一定要經過大冶洪爐的陶冶，才能成大器。

犯過比不犯過者更容易珍惜今後的腳步，要有勇氣承擔自己的錯誤，並時刻懺悔，才會進步。

世間上的事，要用智慧來處理，不能用「情緒」來處理，有時「口角」只要能包容就口角不起來了。如何有智慧呢？平等心是智慧、明理是智慧、公開是智慧、助人是智慧、尊敬是智慧……。

我常對徒眾說世間的有無並不重要，重要者心中要有聖賢的楷模才能成聖成賢！

## 不傷害他的尊嚴

佛陀教育弟子，很少打罵、拒絕、責備、否定，大都用例子、譬喻、鼓勵等方式，讓弟子知錯而不傷其尊嚴。

談到教育，我國古代第一本教育專著是《學記》，它是《禮記》中的一篇，全文共一千兩百多字，據當代郭沫若考證，它是戰國末孟軻的學生樂正克所作。總結兩千多年前我國古代的教育經驗，對教育作用、目的、制度、思想和方法作了闡述。

《學記》在世界教育史上是首篇教育專著，它比公元前一世紀羅馬教育家昆體良寫的《修辭術規範》早一百多年，內容也更全面而深入。

我國的教育理論發展最早，而教育是否成功？真值得令人深思。

# 至樂無樂　至譽無譽

**從自身開始**

我喜歡快樂的氣氛，英國文人薩克萊說：「快樂的笑容是室內陽光。」希望我所到之處，都能把陽光帶給大家。

一個人是否有修行，看其相貌即可知道，因為「相由心生」，不管做任何事，都要確實不要虛晃，一個有修有德者，皆是從委屈、磨鍊、吃苦中成長的。真正的修行非口說、非意念上想、非標榜給別人看，而是要切身力行地去實踐，從「自身」開始——

行路難，不在水不在山，只在人情反覆間。
天運之寒暑易避，人世之炎涼難除。
人生無事可懼，只待了解。
知命者不怨天，知己者不怨人。
至樂無樂，至譽無譽。
處事不必邀功，無過便是功；與人不求感德，無怨便是德。

## 把自我融入大自然中

如何擁有人生？把自我融入大自然中，如花與人欣賞，如山水與人遊玩，如橋梁與人方便，如樹蔭與人乘涼，如甘泉與人止渴……。

大文豪毛姆云：「文學是人類所見到、經驗到、想像到，和感覺到的生動紀錄，是人生最直接、最具體的生活表現。」而在生活中，「人的需求可以入詩；物的需求可以入畫」，所以「藝術」又有人稱是凍結的音樂或是無字之詩。

其實現代人的生活圈都少不了藝文活動。位於洛城的西來寺，對社區的活動不僅全力配合，而且經常提供場地供各社團演講、開會、座談、聚餐、活動……。近一年來，鑑於到西來寺舉辦畫展、作品展、寫生、義賣等團體漸多，為讓展出者有個夠水準且標準的場所，住持心定和監院依門，特請專家就其場地，依需要增設、裝潢與重新設計。

## 病中見慈心

當年母親在西來寺不慎跌倒，當時我人在澳洲，幾次傳話給我都說：「不痛！不痛！」要我寬心，不要耽誤行程，當我自己跌倒，才知道母親的「不痛！」是什麼滋味！今後一定要好好注意自己的健康，總不能讓九十多高齡的母親為我的病痛擔心。

跌裂了腿骨，忙壞了榮總的醫生與護理人員，大腿內多了四根釘子，必須用輪椅代步兩個月，最不喜歡麻煩別人的個性，今後可要處處麻煩別人了！

住院雖僅數天，感觸卻很多——

有位父親生病，大兒子將其送至醫院，把錢放在他身上就走了；二兒子來看父親，順手把錢拿走；三兒子則抱怨父親為什麼沒有錢？等到要出院通知其家人，大兒子說錢在他身上；二兒子說又不是我送他去的；老三說我又沒拿到錢。

有些子女來探望病中的父母，手上都帶著錄音機，不問病情，只問：要給多少遺產？房子給誰？財產怎麼分？等話錄完，掉頭走了。

我的工作很忙，不能常來，等老父、老母死時才通知我就好了。

同一病房，住著一病重、一病輕的病人，病重者的妻子一天二十四小時，都不曾離開過病人一步；病輕者的太太，到病房就是怪這怪那後就走了。兩個月後，病重者康復，病輕的卻死了！

九樓的兒童病房，父母每天都在旁照顧，而老人病房，卻難覓子女的身影。

有些病人送到醫院時，兒媳一大堆都跟著來，過世時，卻一個也沒到。

真是「只有慈心爹娘，沒有慈心兒女。」

## 難治的是心理上的病

我這一生患過的病有——

十七歲讀書時的瘧疾，才短短一個月，就已不成人形，那時不懂得生病可以找醫生，承受瘧疾的痛苦好像很自然的事。

二十歲那年，感染膿瘡，除了頭腳外，全身皆出膿，膿血黏著衣服，如果要脫衣，就好像剝了一層皮下來。

民國四十五年，在宜蘭患了嚴重的關節炎，醫生要將腿鋸斷，否則會影響到五臟六腑……後來忙忘了，沒有再去找醫院。

在宜蘭時，有一年得了風寒，那時正準備佛誕節的遊行，雖體力不支，但沒有影響到遊行的進行。

多年前有一次，經榮總多位醫生會診，說我只剩兩個月的生命……事隔好久，才又去做切片檢查，我記得那時還跟徒眾開玩笑，所謂「切片」者，就是挖一塊肉再切成一片片……

雖然入院是我多年來所想的，但此次跌倒一點都不好玩，麻煩了那麼多人，心裡很過意不去！

從開刀到現在，一點也不感到疼痛，總有一股悅適感。此次因禍得福，獲得了很多糖尿病的常識及寶貴意見。印象中在手術房內的那些護士，和藹、友善、自然、祥和，真是一群名副其實的白衣天使，她們那種和善，至今念念不忘！

此名。

## 力量來自於忍

「星雲」這個名字是我自取的，因我自喻為「星」，希望在黑暗中給人星光；我欣賞「雲」的那股飄然與自由不受拘束，故取光明與自由之意而叫「星雲」。後來才知道星雲是宇宙未成形的稱呼。到台灣後要領身分證時，我就填寫此名。

一九三七年冬天，父親從杭州來信，表示要回揚州，卻從此沒有音訊（想必是在南京大屠殺之際遇難），母親為此，特地帶我離開揚州，出外尋找父親，而促成我十二歲就出家的因緣。

近甲子的修道生活，唯一自覺得有進步者，是對別人的嫉妒、指責、毀謗，心存感激，而不覺得不幸。因我擁有了太多光芒、掌聲與讚嘆，別人的這種反應是很應該的，故我應該要體諒……。

這一生中最感謝的是陶冶過佛門專制打罵的教育，因為它讓我在成長的過程中更強壯，更有毅力，更能擔當！

在打罵教育中，我從不曾挫折、灰心或懷恨過，因這是學習的必經過程，愈是嚴厲的老師，愈具有慈悲心，我始終懷念感恩師長的棒喝！這跟我的性格有關，從小我就知道，不接受教育就沒有機會成長，不能成長就沒有未來，故凡事我都以感恩的心情去接受。自以為有理由就永遠不會進步，以前有師長教導我，現在信眾、徒弟也時常會「教」我，因在真理面前無長幼，「吾愛尊嚴，吾更愛真理。」

記憶中較深刻的事情也很多，例如：我曾有一年的時間，眼不張開，口不講話的實行不言不看，因此，我體悟到世界的寬廣，及不看別人過失看自己的錯，和不講不該講不必講的話。曾有教授要保送我到國立教育學院就讀，被家師的一句「混蛋，念什麼教育學院！」而沒有流失到社會，至今仍在佛門。出家五十多年來，從不解什麼叫退道心，只知道不忘初心。遇到挫折不是很重要，重要在於是否有力量承擔，而力量來自於忍！

每個人體質不同，對治病的方法也不一樣，有的是用醫藥治療、有的是物理治療、有的營養治療、有的運動治療、有的食物治療、有的斷食治療、有的心理治療，而我則適合用時間治療。

身體的病不算嚴重，最難治的是心理上的病，心理上的毛病有：脆弱、自卑、多疑、誤會、膽小、怨恨、虛浮、短見、說謊、奸詐、無信、自私、無耐、無慈……，對治的方法是：堅強、自尊、智慧、信心、勇敢、現實、實在、遠見、美言、公正、信用、忍耐……。

要為佛教保持自己的健康，這是我的義務！

# 二十四把茶壺

## 從感恩中，逐漸富有

我十五歲時，第一次看到火車，十七歲時第一次吃到冰棒，二十六歲時第一次用到電燈，二十八歲時才會打電話……知識開得很慢，但沒有關係，重要的是要有學習的性格！印象中，最初出家的十年生活中，不曾穿過新衣服，都是撿老和尚往生後的衣服穿。幼年在農村長大，每天都是喝沒有米的麵麩，出家後，每半個月才有一次米飯吃，湯內無菜，反而上面浮有很多小蟲……。

十八歲時，因得瘧疾，家師派人送來半碗鹹菜慰問，我含著淚把它吃下去，激發我弘揚佛法普度眾生的信念！我感念師恩，從感恩中逐漸富有。

## 動心忍性，慎乎！

做人難，是自己不會做人；難做人，更要做人。縱使不盡人意，也要無愧於心！現在的人，生是責任，死也不必解脫，生與死是一體不可分的，在委屈中要學習經驗，在困難中要接受挑戰，有辦法的人，凡事都要想辦法解決問題。

在人生的體驗中，「忍」是一種力量、擔當、勇敢，忍之為德，在於負重，為學讀書受教育當然要忍！從小，榮辱毀譽就不在我眼中，但是為了佛教，我則可以忍氣吞聲，可以委曲求全，可以低聲下氣，學佛的人誰能得到佛法的受用，對於其是否能忍，關係很大！

世間大福德者，必能容人之所不能容，忍人所不能忍。我還悟得「重複的舉止，會變成習慣；定型的習慣，會變成個性，而個性的好壞，則往往會決定命運！」故一個學道者，其舉止言行，起心動念，能不為乎？

勇者創造命運，弱者依賴命運。

## 心經要刻在心上

有位信眾傳話說要送我二十四把茶壺，每一只茶壺上都刻有心經，而且外表形狀都不一樣……並要求跟我見面。平常我喝茶，只需要一杯就滿足了，一下子二十四把茶壺給我做啥？我又不是古董玩家，況且心經要刻在心上，刻在茶壺上做啥？自從我退居後，除信徒和信眾外，我甚少會客。因我退的是佛光山宗長及住持的職位，但「師父」是不會退位，所以有信徒要找師父，只要我在山上，只要與行程沒有衝突，我是很樂於見面的。

## 家人讓我清醒

影星米高・福克斯，在得到第一座艾美獎時，高興的將獎座帶回家給家人看，並自鳴得意的把它放在大廳桌上。第二天下樓時，赫然看到弟弟的拳擊錦標、母親的滾球錦標、父親的橋牌錦標與它並列，大家什麼也沒說。

後來，米高・福克斯常向人提起：「如果成功讓我沖昏了頭，我的家人總能使我清醒。」

## 不必計較上座與下座

在《進德錄》上，看到一則故事。有一位富者，請工人來大興土木，建了一座非常考究的房子，新居落成時，富翁請了左鄰右舍與親友到新居內用餐。只見上座的右鄰坐著蓋新屋的工人，左邊下座的是子媳，鄰人不解的問道：「為什麼要讓工人坐上座，子孫坐下座？」富翁說：「我請工人們坐上座，是感念他們為我建屋的辛苦；子孫坐下座，是因為將來可能會賣房子的就是他們，希望他們能體會『創業維艱，守成不易』的苦心，不必計較上座與下座。」

曾國藩也曾說：「天下古今之庸人，皆以一『情』字致敗；天下古今之才人，皆以一『傲』字致敗。」濫用則多費，多費則多營，多營則多求，多求則多辱！對一些只知坐享其成的徒眾，應有所警惕。

# 師父啊，猴子跑了！

## 不要被錢用

民國八十一年二月二十九日上午八點，李前總統登輝先生準時的上山參訪敦煌古展，他極讚賞展出的規模，對古展中農業類的展品看得特別仔細，並聽取大陸傳統手工藝藝人解說鍥金畫與打鐵畫的製作過程。我與他在開山寮內談及佛光山計畫籌設大學的概念與世界佛光總會即將成立的情形，希望政府對宗教學院的設立給予方便。

他回答我教育部已准宗教學院設立，佛光山應秉著在文化、教育上耕耘的傳統，更加著力。我也告之今年度的數個大活動，包括「把心找回來」等社會淨化運動，這些活動的企畫實在是有感於現代人對事、物、人的不經心。

感謝香港《明報》總編輯送我厚達六百多頁的《中國大陸佛教資料彙編》，是自一九四九年至一九六七年的中共對佛教之文件，現已絕版。《中國佛教文化論稿》、《中國佛教》、《西藏佛教研究》等書的作者也送我寶貴的著作，除了出家人，在家居士從事佛教文化、學術著作者還是很多。

依門法師送來我的福田簿，是我在美國的存款，計有美金六千七百一十八元，一向不貪財的我，見到有此存款竟然也很歡喜。我對跟我一樣窮的依恆法師說：「你也可以花我的錢。」

大陸佛教學者魏君，最近取得加州大學的學位，有心從事佛學方面的研究，但是生活困難，需要有心人士的資助。看到這麼有成就的人，即使將我的六千美金都給他，我也甘願。

我對錢的看法是要懂得用錢，不要被錢用，錢多也會埋沒人的意志。所謂「賢而得財，則損其志。愚而得財，則益其過。」不知我的徒弟是否有這樣的想法？

辦事也非以金錢來堆積，應以智慧、辦法來創造。我一生的本領就是不花很多錢來辦事。有人批評佛光山是「水泥文化」，其實我也可以用金、銀、銅來雕塑佛像。但，如此一來，我其他教育、文化的工作都不能進行，所以先求有，再求其精細，希望我的徒眾，都能學到我的本領，得到我的「真傳」。

## 不捨棄任何一個本地人

在聖地牙哥的西方寺，看到很多白人在當義工服務、指揮交通、知客、接待等，我說的話他們聽不懂，但是藉著肢體語言，也能達到心靈的溝通。好在滿亞法師在場，把他們集合起來，我講華語，滿亞翻譯。在國外弘法，要重視本地人，「不捨棄任何一個本地人」的觀念非常重要。

我從不知道跟我出家的美籍慧地法師是心理學博上，曾做過十五年的天主教神父，目前慧地到科羅拉多州丹佛弘法，非常受當地的歡迎，「法水常流五大洲」的理想即將實現，心裡竟也有些歡喜。

## 一人當十人用

每到各別分院，當地的住持、監院都跟我說住眾不夠，我哪裡有那麼多人補充，要自力救濟、訓練信眾幫忙呀！回想當初我在宜蘭雷音寺時，只有我一個人領導，打佛七時，廚房要煮羅漢菜，要我教；信徒過堂時要行堂，請我教；到了殿堂要敲法器，也要我來教；我一個人必須身兼數職，只好當十個人用；甚至連寺裡附設的慈愛幼稚園裡養的猴子跑了，也要叫我：「師父啊！猴子跑了，捉猴子哦！」

我這一生當中，最大的缺點是：一、不擅唱誦。二、不擅外語。三、不擅書法。四、不擅理財。

可是，現在這一切統統離開不了：喜喪婚慶要我主法，足跡遍及海內外，總要說幾句英、日語；不擅書法，卻到處有人要我簽名、題字；沒有數字觀念，但徒眾經費、預算向我報告也要我指示。

人一生，想要擁有的，不一定能如願。不想要的，也推卸不了。

## 經典所在即為有佛

有位記者先生要我講：「如何與新聞界打交道？」

佛教教主釋迦牟尼佛重視大眾傳播，他的大眾傳播學十分高明。

《金剛經》云：「若有善男子善女子，以七寶恆河沙數三千大千世界以用布施，其福不及此經乃至四句偈等為他人說。……若是經典所在之處，即為有佛！」

轉述四句偈的功德勝過財寶的布施。財富是有限、有為的；佛法的慈悲、般若、忍耐、結緣是無限的，我非常尊重從事文化工作者。

# 持身不可太皎潔，處事不可太分明

## 讀書如吃飯，每日三餐

一切汙辱垢穢要茹納得；
一切賢愚好醜要包容得。

魚離水則身死，花離土則幹枯，
人離氣則命喪，心離書則神衰。

人生最大幸福事，半夜挑燈讀藏經。
人生最妨礙讀書時間的就是俗事太多；最妨礙養生之道的就是欲望太多；最妨礙處世之道的就是話語太多；最妨礙立德之道的就是奇智多謀；最妨礙治家之道的就是開銷太多。

我經常告訴弟子們，要學習事忙人不忙，人忙心不忙，要藉事鍊心，但不管多麼忙，書總要讀，多少工讀生一面讀書一面工作，一樣能學業完成。

讀書，每天至少要抽出兩個小時，查工具書，搜尋相關的資料、做筆記、畫重點、自講自唱、自思自寫，要醞釀才會進步。要按時用功，日日溫習，如同吃飯，每日三餐！

## 賢愚好醜，要包容得

我常在與徒眾交談中，為大家解決不少問題，深感身為主管或單位負責人，要有寬宏包容的心胸來承擔屬下的不足，不要用不理不睬不管或不關心的態度，給屬下製造無所適從的困擾。

漢高祖劉邦不計較韓信的逃亡，還築壇公開封韓信為將；劉邦也不計較陳平貪收黃金，教他去辦事時，反而一擲萬金給他。春秋齊國的管仲，曾是齊桓公的敵人，反用為上卿；唐時的魏徵，也是唐太宗的敵人，後成為最敬愛的諫臣。王侯們都能不念舊惡宿怨，才能化阻力為助力來成就大事業，這也是身為領導者最根本的風儀、氣度；不能替屬下解決問題，又要製造問題給屬下煩惱者，實不配為一個領導人。

與人相處，必須你幫我，我幫你；你原諒我，我原諒你；你教導我，我教導你；你包容我，我包容你……能夠如此，才方便溝通。有錯誤，別人敢指責你，敢說你的缺失，你才會進步。沒有人敢指摘你的不如法，那將永遠在錯誤中輪迴。要忍耐接受人家的批評，才會成長。

我也常告誡出家弟子，師兄弟要彼此交流、溝通、相知、識大體、共患難，不要製造一些無謂的問題來自我困擾，要體驗共處的因緣可貴。一個出家人沒有資格苦惱、沒有資格不悅、沒有資格情緒、沒有資格煩惱、沒有資格流淚！心中只有眾生，只有常住，其他的就微不足道了。

我雖為人師，徒眾的需要都不一樣，我不可能一一都能滿其願，故也不敢要求徒弟能依我的意思去做事，但卻希望弟子們能思我用心良苦，希望弟子們能團結，因為集體的力量可以幫助我們成就願望，期望每一個人都能懂得融入大眾以壯大自己的力量。

持身不可太皎潔，一切汙辱垢穢要茹納得。
處事不可太分明，一切賢愚好醜要包容得。

## 眼前便有許多福

忙了數日，回到寮房，看到書桌上，一份未寫好的稿件，仍安詳地躺著。這五天來，我幾乎巡遍台灣一圈，做了多少事，講了多少話，解決多少的問題，接引了多少信眾……卻忘失了桌上這份尚未完成的稿件，突感一個人再怎麼能幹、怎麼用心、怎麼周全，仍會有疏忽的地方，而待人又何嘗不是呢？

世上應沒有「運氣」這回事，至多只有順境或逆境，順境是我們努力的成果，逆境是未能預見的情況，故我們要以平常心來接受「順逆皆一半」的未來。

一個好人，管他做得再怎麼好，一半的人讚美他，另一半人還是要誹謗；一個壞人，管他做得再怎麼壞，一半的人不屑理睬，另一半的人仍要為他叫好！

我試寫《知苦增福歌》——

人生應有福，可惜不知足
思量事累苦，閒靜便是福
思量揮霍苦，節儉便是福
思量孤獨苦，親友便是福
思量老病苦，健康便是福
思量多疑苦，有慧便是福
思量挫折苦，結緣便是福
思量計較苦，放下便是福

思量嫉妒苦，包容便是福
思量煩惱苦，歡喜便是福
……

莫謂我身不如人，不如我者正繁複；
退步思量海樣寬，眼前便見許多福。

## 多一分器量，多一分人緣

人生種種病痛，只因外事外物太要緊了，以致——心不能靜、氣不能和、度不能宏、口不能默、嗔不能制、苦不能耐、貧不能安、死不能忘、恨不能釋、矜不能持、驚恐不能免、爭競不能遏、辯論不能息、憂思不能解、妄想不能除，總因，未空未淡之故。

真淡真空，一切以「不執著」三字了之，此則為拔去病根之神藥也。

人有一分器量，便有一分氣質；人多一分器量，便多一分人緣。器量雖說是天生的，也可以後天學習培養，多讀歷史上的名人故事，多想想自己的心胸懷抱，就懂得如何學習「養量」。

養量的方法——

一、意自滿者，其局量必不大，所以要戒驕滿。

二、見人一善，要忘其百非。若是只看見別人缺點看不見別人優點者，無法有器量。

三、不為不如意事所累。不如意事來臨時，能泰然處之，不為所累，器量自可養大。

## 諦聽、善思

在往美濃路旁，看到一個橫列的招牌，從左讀去是「吃小和尚」，依門法師對這個招牌一直放不下，直嘀咕什麼名字不好取，要取這個？……下午我們要返回佛光山時，再注意這個招牌，從右讀去「尚和小吃」，這才恍然「尚和」是個地名，人家取這名字並沒錯呀！只是因不了解真相而誤會罷了，想想不禁啞然失笑。在世間上有很多親眼所見，親身所聽的事，並不見得是真相，怪不得佛陀要教誡我們：諦聽、諦聽，善思念之。

# 佛觀一粒米，大如須彌山

## 人生福德如存款

美國人對出家人的僧服特別感到興趣，曾經有位美國人問慧開：「在哪裡可以買到這種衣褲鞋襪？」

慧開說：「這種衣裝不是可以用來賣的，而是要特別訂製。你得先剃除鬚髮，跟我一樣才行。」

還有位小學老師席雪仁小姐看到慧開的鞋子，開心地說：「我知道你一定是從佛光山來的！」因為她在多年前到過台灣的佛光山，對法師們穿的羅漢鞋印象尤其深刻。此後，她每學期都邀請慧開到她任教的班級，向美國小朋友介紹佛教義理、中國文化與台灣教育等。每堂課結束前，還要練習禪坐五分鐘。慧開得意地說：「這些學生平常一分鐘也靜不下來，令人頭痛萬分，而他們居然能五分鐘連動都不敢動，使得席老師非常驚喜。」這位美國友人熱愛中華文化與佛教傳統，在教室裡有中國地圖和學生畫的釋迦牟尼佛像；桌上擺著香爐、木魚，她運用卡通圖畫在平日教學中教導學生在生活中實踐正道。這些孩子在佛法的薰陶下，彬彬有禮，每次上課時，不但會起立、合掌、問訊，還用國語說：「法師好！」「謝謝法師！」這些禮數在一般的美國學校已蕩然無存。

齊振一先生在用餐時，看到有人沒吃完的菜就說：「給我，丟了太可惜！」從八歲開始練字，父母就教他寫「誰知盤中飧，粒粒皆辛苦」。我跟他說：「佛教中也有類似的詩偈——佛觀一粒米，大如須彌山。若人不了道，披毛戴角還。」

當今社會奢靡之風盛行，很多人不知惜福、節約，糟蹋食物等等，人生福德如存款，用完就沒有了，為什麼要浪費？尤其今日佛門弟子，對惜福往往不重視，為講究衛生不吃剩菜；講究美食只吃菜心；講究調味百般浪費，實令人憂心。

我對吃是一個非常馬虎的人，但每天為了吃，仍費不少時間，假如不吃，人的時間一定用不完。

## 天堂地獄一念間

報載，律師希望人人都打官司，我聯想一則故事。

天堂、地獄之間只隔一道牆，有一次颱風颳倒了那一道牆。天堂的玉皇打電話給地獄的閻王：「我們趕快把牆修好，免得來來去去，混雜不清。雙方各推派三名代表：工程師（建築）、銀行家（籌款）和律師（擁所有權）。」

地獄很快就推派出三名代表，天堂很久都派不出。閻王很生氣的對玉皇說：「如果再拖延下去，後果你要承擔。」

玉皇說：「並非我不推派，實在因為天堂沒有這三種人才。銀行家只顧賺錢；工程師偷工減料；律師天天打官司。這三種人不會到天堂來。」

其實這三種人都有好人，好、壞只在一念間；天堂、地獄也只在一念間。

## 勤學五明、利於度生

從繁華繽紛的巴黎，東行六十公里，巴士駛入淳樸自然的鄉間，只見沃野千里，滿眼盡是綠油油的農田，連一座小山丘也不易見著，令人心胸舒暢，佛經中描述佛國淨土平地接壤景象，應有類於此吧！

目的地是位於巴黎市郊布里區的古堡；大家看見這座風格迴異、古意盎然的建築物，不禁歡呼起來！

古堡建於十二世紀，重建於十六世紀，曾經是重要的修道院。這期間更換許多堡主，盼我們入主後，再毋需替換了！布里區是位於兩個莫蘭區的平台，被大小密集的公路網畫分成一塊塊小方格。就地理位置而言，此區正近交通要道。

在接這座古堡時，也經歷一些波折；巴黎一家法文報紙，首先發表古堡即將易主的新聞，由於記者對佛教有所誤解而失真，此一消息引起法國政府與民眾的關心，附近居民甚至走上街頭抗議反對。前一任堡主古辛諾先生即挺身而出，發表公開聲明，述說：佛教乃世界四大宗教之一，具有悠久的歷史傳承，以其智慧與慈悲特質，提供全人類和平的訊息。全法國五十萬的佛教徒中，法蘭西人占了十五萬人。即將成為古堡新主人的是來自台灣的佛教團體，他確信亞洲人在法國多年來的和平無爭，就是一種有力的保證。古辛諾先生這番話鏗鏘有力，不但使法國城內華僑殷切期待佛光山建寺，連法國人本身也樂觀其成。當地市長米契・麥洛先生來函表示對我來訪深為感激。再度向我保證這座古堡歸我所有。在歷史文物名單上，這座古堡被列為國家保護的古蹟之一。

一天下來，在「古蹟」內外不知走了多少回，根據歷史記載，城堡中刻有十字架、山羊或玫瑰盾牌，並且有一對石獅子，但我卻什麼也沒看見，只是慨發思古之幽情罷了。

這座古堡雖外貌古舊，未來遠景卻很可觀，不但可在此發展佛教文化，教育、慈善、修道等各種事業和活動，更可以此為中心，作為國際佛教交流的據點。

佛教若欲國際化，極迫切的是訓練多種語聲人才。佛經上說：「菩薩求法，當於五明處求。」五明，就是五種技藝：聲明、工巧明、醫方明、因明和內明。

菩薩勤學五明，是為了利於度生。五明中，聲明指的就是語言，文字之學居於首位，可見其重要性。

常有人問我：「你有什麼專長？」初聽，我實在想不出我有什麼專長。外文不會，書法不好，資訊不懂，技能全無，甚至連佛教的誦經梵唄也一無長處。但再仔細一想，我有恆、守信、勤勞、吃苦、耐煩、節儉、忠誠、善良……都是我的專長。我也很明理，對是非、輕重、善惡很容易分辨。我不護短、不偏私，公平處事，肯定別人，很注重他人對我的建議。我想這些專長就是我建設佛光山，帶動佛教，領導徒眾將佛法傳遍世界的基本力量吧！

# 自疑不信人，自信不疑人

## 石刻經文，佛法永存

有人送我一塊石刻經文，我看不懂是藏文還是梵文，總之信徒好心，我也歡喜接受，留為紀念。

世界上最大的書是用緬文刻在石頭上的佛教《三藏經》。一八六〇年起，緬甸國王敏頓花了八年的時間，動用五十名熟練的石匠，把《三藏經》的全部內容刻在七百二十九塊大理石板的兩面，每塊高五呎、寬三點五呎，厚五吋。

一八六八年，鑿刻拓經工作完成，石板按書面順序排列，組成一片頗為壯觀的碑林，整整占了緬甸曼達萊古稍道寺的十三英畝土地。在二次大戰期間，從曼達萊疏散下來的難民，都跑到這部《三藏經》裡避難，據聞寺院費了好大力量，才把這些人請走。

這部緬文《三藏經》也是世界上最長的一部書，有人計算過，每天如果用八小時，需要四百五十天才能把它讀完。

在我國北京房山縣雲居寺保存在九個石洞裡的石刻《大藏經》，是我國歷史上規模最大的一部石經，這部大藏經是刻在一萬四千兩百七十八塊石板上，每塊長四十釐米，寬二十釐米、厚十釐米，每塊石板重約五十公斤。

從隋代的靜琬大師開始鑿刻，直到明末清初，歷代相承，刻鑿時間長達千年之久，號稱世界上最大一部石書。為了便於研究，一九五六年中國佛教協會將石板全部清理，並拓印了七份，歷時兩年多。

中國佛教協會會長趙樸初居士在給友人的一封信中表示，最近民主同盟為紀念梁漱溟先生徵文，想起幾年前中國佛教文化研究所成立時，梁老以特約研究員的身分，第一個出席，第一個發言，說自己是一個佛教徒，從來沒有向人說過，怕人家笑話。一個人有今生，有前生，有來生，我前生是一個和尚，是一個禪宗的和尚。隨即交出一篇論文。當時與會者皆認為是一件異事，因而將此事寫成一首詩——

梁老有以異於人，望之儼然即之溫。向不妄言但率真，是非功過公諸人。昔年佛會邀眾賓，翁先到席發高論：我乃瞿曇弟子，達摩之裔孫，前身是一禪宗僧，天生信有去來今。言罷出示一卷文，言簡意賅大小乘。讀者莫不嘆其條達而深，出自九十四歲老人之至誠。藏身人海最後露一鱗，不及其年翁遂行。世人於翁多述評，獨此一事知者無多人，吾今記之告後昆。

眾所周知，梁漱溟先生，早年傾心佛法，二十九歲時思想轉變，倡儒疏佛，四十多年來，始終拒絕馬列共產主義，後來遭到中共全面的批判。這篇文章說明了梁氏最終還是心為佛教，可作為有心研究梁氏思想的人參考。

## 心中無事一床寬

徒眾常抱怨：「太忙了，怎有時間修行？」替眾生服務，滿眾生所需，解決眾生苦難，「忙」難道不叫修行嗎？不忙著度眾，不忙著說法，不忙著開示……法輪如何常轉？故「忙」就是修行。

其實「忙碌」是現代人生活共同的現象，忙碌造成了社會的進步繁榮，但也帶來了焦慮緊張、疏離冷漠等副作用。要做到忙而不盲，歡喜自在，除了要生活正常，心胸開朗外，還要自有一套禪定功夫，在忙碌中善用零碎時空，執簡御繁，調配群我關係，關懷他人。只要能將時空人我運用得恰如其分，就能在忙碌的生活中游刃有餘。面對社會人情冷暖，我們要用智慧慈悲、忍耐柔和去克服；只要我們心中能包容一切眾生，就不會斤斤計較榮辱得失；只要我們心中蘊藏富貴法財，就不會汲汲營營於蠅頭小利。心中有力量，不計較、不比較，自能超然於稱譏毀譽之外，昂首於富貴威淫之上，快樂的過著奉獻服務的人生。

凡事好壞，多半自作自受，既不是神為我們安排，也不是天意偏私袒護，業力之前，大家都是機會均等，沒有特殊例外，好壞只看自己是否應機把握，隨緣得度。

白天我們所背負的煩惱已經夠多，有些人不知放下，還要繼續把它帶入夢中去溫故而知新，實在是太辛苦。不管是快樂的夢、憂鬱的夢、憤怒的夢、恐懼的夢……都不能達到絕對的安眠，「心中無事一床寬」，經常保持一顆無事的心，必能享受沒有夢魔的輕寧。

## 此事自有史官記下

宋太祖有次在後苑用彈弓打鳥，手下的官員進殿入朝，說是急事求見，宋太祖只好將彈弓收起來，聽完奏報後，很生氣的說：「這是平常事，有什麼好急？」

官員回說：「不管什麼事，但總比打鳥急呀！」太祖生氣地用斧柄撞他的嘴，兩顆牙齒應聲而落，官員慢慢伏在地上找回掉下來的牙齒，放進懷裡。

太祖生氣道：「你拿這牙齒要跟我申辯是非嗎？」

官員緩緩說：「我怎敢跟陛下辯是非？此事自然有史官記下。」

## 調身、調息、調心

正想離開三藩市，兩位氣功老師來論道。他說他不完全以氣功傳授，怕別人一直要在身上找氣。因此，他傳授武功，配合氣功教學。我告訴他，應該配合「心功」。無論武功、氣功，都通於心的力量，他們深以為然。

究竟氣功有多少能耐？因我不內行，無法敘述。不過，據我的感受，「氣」是道家的，道家過去講「氣」；「氣」也是儒家的，儒家講「浩然之氣」；佛教禪宗，講調身、調息、調心，息就是氣，乃三調之一。假如今日的氣功加上佛教的調心在內，可能氣功的發揚，更能有所增進。

## 他從沒有糾正我的過失

高繚在晏子手下做官，晏子想辭退他。

晏子左右的人規勸他說：「高繚侍奉先生已經多年了，從來沒有給他什麼爵位，現在卻辭退他，似乎說不過去。」

晏子：「我晏嬰是一個褊狹淺陋的人，需要周圍的人加以扶助，這樣才能做得公正無誤，現在這個高繚跟隨我多年了，從來沒有糾正過我的過失，因此我要辭退他。」

自疑不信人，自信不疑人
疑人莫用，用人莫疑

# 心常隨人，人莫隨心

## 歷史是青年寫下來的

德國首相俾斯麥曾說：「要我看看你們的國家嗎？先讓我看看你們的青年。」這句話很有道理，國家的未來如何，看這個國家的青年就知道了。「時代創造青年，青年創造時代」，尤其是這世界的歷史，可以說都是青年寫下來的。一個人要想有所作為，必須在青年時期將基礎打好，趁年輕做好準備。慈航法師曾一再強調「大器晚成」，意思是說青年不能太早出頭，要慢慢地養精蓄銳。那時我聽不懂他的話，並不以為意，總覺得人生在世，歲月苦短，能有機會就要把握住，但現在我明白一個人的人生是需要有規畫的，需要磨鍊的。

## 治好交通，大家來動動腦

隨著汽車數量的增加，交通事故也不斷增加，各國為了減少交通事故，對違規司機都施行一些處罰辦法，除了罰款外，還有一些妙招，如——

**掛紅牌：**在美國俄勒岡州，當交通警察有充足理由認為司機違規行事時，就把他的汽車牌號換成紅色，以引起注意和警惕。

**套腳鐐：**法國巴黎的交通警察，發現司機違規開車，便給汽車的一個輪子套上「腳鐐」用鎖鎖上，違規司機只有到警察局交付罰款後，才能「開鐐」行車，立意無非是給肇事者一些不方便，便民是不能用在這上面的，處罰的方式愈不方便，交通違規的現象愈可能會改進。

**付汽油：**在通貨膨脹的情況下，阿根廷的交通管理部門，遇有司機違規，根據情節輕重分別罰交五至五十公升汽油。

**貼標語：**巴西里約熱內盧的警察，對不按規定停車的司機，在汽車的擋風玻璃上貼「此處禁止停車」的標語。

**看電影：**哥倫比亞對違反交通規則的司機，強迫看一套慘不忍睹的交通事故影片，教育違規者。

**罰步行：**德國曼海姆市的交警將違規司機帶上警車，朝郊外開，在十公里外停車，讓司機徒步走回去。

國內要治好交通，大家也可以來動動腦啊！

## 靈山在自己心頭

經典上有個故事——心對身體說：「每天從早到晚，我就幫你穿衣、洗臉、吃飯、刷牙、走路……現在你這身體要修行求道，到處跑道場，每天拖著軀殼東來西往的，真是緣木求魚，怎麼不向我這顆心問道呢？有一偈語說得好——

『佛在靈山莫遠求，
靈山只在汝心頭。
人人有個靈山塔，
好向靈山塔下修。』

放著我這個現成的靈山不求，卻向心外覓佛；身體，你不是太糊塗了嗎？」

人生要能真正找到自己的本心，那才是重要的。

「心」——縱此心者，喪人善事，制之一處，無事不辦。

作百佛寺，不如活一人；活十方天下人，不如守意一日。人得好意，其福無量。

心常隨人，人莫隨心。心者誤人，心殺身。心取羅漢、心取天、心取畜生蟲蟻鳥獸、心取地獄、心取餓鬼作形貌者，皆心所為。

人不能自伏意，反欲伏他人意。能自伏意，他人意悉可伏。

若菩薩欲得淨土，當淨其心。隨其心淨則國土淨。

我淨故施淨，施淨故願淨，願淨菩提淨，道淨一切淨。

前心作惡，如雲覆月；後心起善，如炬消闇。

譬如溪水清，其中沙礫，青黃白黑所有皆見。得道之人，但心清故，所視悉見；欲得道者，當淨其中心。如水渾濁，則無所見；持心不淨，不得度世。

## 要想就想明白

一個人的學習精神是很重要的，學習的正確態度在《中庸》上說得很好——學習要廣博，詳細地求教，慎重地思考，明白地辨別，切實地實行！

除非不學，要學就要學會，絕不放棄！

除非不問，要問就問清楚，絕不放棄！

除非不想，要想就想明白，絕不放棄！

凡事要不斷累積，不斷學習，才會成功。

## 人要適得其所

甘戊出使到齊國，正乘船渡大河。

船夫說：「河水不過是小小間隔，你卻不能自己渡過去，還能替國君去游說嗎？」

甘戊：「話不能這麼說，這道理你不懂嗎？世間上的事物各自都有其短處和長處，謹慎老實、善良厚道的人，可以侍奉君主，卻不宜讓他去指揮軍隊打仗；騏驥騄駬這樣的良馬，牠的腳力能跑上千里路程，把牠放到宮廷房間去捕捉老鼠，那就遠不如一隻小貓；現在拿著船槳讓船隻在水上隨意流動，我不如你，但游說大小國家的君王，你就不如我了！」

## 快樂呀！快樂呀！

在觀賞凡爾賽宮途中，有人艷羨地說：「古代帝王一個人就享有這麼大的城池宮殿！」其實，這有什麼好呢？王宮貴族坐擁再大的城池，行動卻受到限制，平民百姓卻可以隨心所欲，環遊世界。

從前，拔提王子隨佛陀出家後，經常情不自禁高喊：「快樂呀！快樂呀！」人異之，問其因，則稱：「過去，我雖貴為王子，錦衣玉食，侍衛日夜保護，卻日懷其憂，行動受限。現在我棄俗出家，雖沿門托鉢，簞食瓢飲，卻自由自在，充滿禪悅。」

因此順治皇帝《讚僧詩》中說：

一年三百六十日，不及僧家半日閒。

所謂「閒」，並非指事閒，而是心閒。心中富貴，就可以胸懷法界，享有萬物。

**好好參一參**

我對十七歲的小信徒說：「玫瑰雖美，一定要有刺，才能保護它的美麗；蘭花很香，一定要生長在深谷裡，才能保持它的幽香。好久沒有同你講話，今天以這句話作為公案，讓你好好參一參！」

輯二

星雲說禪

# 人間關係的開始

我個人修行五十多年了，我一再告訴自己我修持的是「人間佛教」，是為「人」而修，是為人的一切而修，我體驗的佛學已經超越一切宗教，是眾生生活的哲理，用什麼方式表達可以讓更多的人領會我修行中悟得的收穫，我多麼希望這些悟得的喜悅能與大眾分享。

有人在我的面前批評某個法師笨、反應慢，某個徒兒不懂得做人，苛薄、尖酸，問我為什麼收他們為徒？我笑著告訴他們出家人也是人，在家的徒兒也是人，人都會犯錯，我不度他們誰來度呢？我修持的是對一切眾生的愛，因為有愛，所以對一切事、物、人都可以原諒。

人與人的相處最需要容忍與互重，不分宗教、種族，互相包容、尊重、幫助、關愛；佛家秉持的和平、慈悲與戒律如果能真實地融進每個人的心中，延伸至家庭、社會、國家，那也就是「人間佛教」的成功。

有人問：「對敵人也這樣嗎？」

我告訴他：「學佛的人沒有敵人，最大的敵人是自己，如果心中真有敵人，那麼用心去愛自己的敵人是讓一個人進步的最大動力。」

我之所以可以用慈悲心汎愛眾生，是因為我懂得「不苛求於人反求於己」的道理，而我也這樣遵行。

有信徒憤憤不平地來告訴我：「為什麼有些不認識你的人要批評你，說你是政治和尚，說你是做生意的和尚，他們只問為什麼你有這麼多錢可以蓋佛寺，卻不問你有多少貢獻，為什麼有些人道德總是被埋沒？為什麼本是美好的事情也在他們的口中被破壞……」

我的信徒有無數的為什麼，我都心平氣和地告訴大家：「不要為我辯駁，我並不因為他們讚美我或謾罵我而增加什麼或減少什麼，我還是我！」

社會習氣敗壞，出家人能做的只是引導青年朋友往「心」去追求，不要只重物質，思想應擴大，心胸要開朗，做任何事要想到「利己也要利人」。有年輕的朋友會問：「這世界這麼敗壞，能救嗎？」

世界雖然敗壞，當然能救，佛家的四弘誓願有四句話——「眾生無邊誓願度，煩惱無盡誓願斷，法門無量誓願學，佛道無上誓願成。」我們盡心吧！

有人以為學佛一定要吃苦，要放棄吃好的、穿好的，故意吃壞東西、穿破爛衣才叫學佛、修行；其實學佛是教我們如何克服苦難煩惱，而不是一味叫我們找苦吃。有些在家居士，為了學佛，也像出家人一樣，要親戚朋友一個個離開，然後才算皈依學佛；其實學佛的人應該是親朋好友越多越好。我們生活在人間，要緊的是人與人之間的彼此尊敬、和平相處，使我們的親友眷屬成為學佛的助力，讓他們分享我們的成就，才是重要的。

未成佛道，先結人緣，在學佛的過程裡，結緣很要緊，我們常看見某些人做事順利無礙，到處受人歡迎，這都是從結緣中而來，我希望世人眾人廣結善緣。你對陌生人行個注目禮，就是眼睛對他結緣了，你讚美某人很好，就是用口與人結緣，甚至我們走路時，讓人一步就是奉行了佛陀的大乘普濟精神，也許有人認為不重要，但如果大家都能實行起來，社會就成為大乘菩薩的社會。

我們要生活在人間淨土，先要做到沒有地獄、餓鬼、畜生三惡道；如果要讓三惡道完全消失，就得把人間的貪嗔癡袪除，不與人結冤，也不可以太親，因為人太親也會招來許多麻煩。常聽到有人被害，有時是因愛而起，愛不到就產生恨，所以人不可以太親。你是否會覺得很矛盾，前面才說以愛汎愛人類，怎麼又說不可太親，其實並不衝突，我是希望能把怨親、愛恨化除，用平等心去愛人間眾生啊！

人的修行隨時隨地可修，我在美國洛城西來寺，有一天遇見專欄作家卜大中先生，我對他說我個人非常尊敬他，他身旁的友人接口說：「卜先生寫很多文章，讀很多佛學經典……。」

我告訴他這些都不是我尊敬他的原因，而是我目睹他幾乎天天上山來，對掛單在西來寺的陸鏗先生與千家駒先生服侍得無微不至。一位七十多歲，一位八十多歲，他們既無恆產，又無權勢，可說落難異邦，卜先生又無求於他們，卻經常開著車送他們進進出出，這份情義值得我尊敬！

有人說慈悲有什麼好？道德有什麼用？堅持慈悲與道德的人，大半是給人欺負的對象，多少人因為對慈悲與道德發生懷疑，所以動搖了人生的態度。我卻深信為人奉獻的決心，我更相信最後的成就是屬於有慈悲心和有道德力的人。

今日，研究學問的人只重視佛學的玄談而不重實際的修證；有些人又以為信佛就是吃素拜拜，對人格道德的增進不重視，而缺少對人世的責任感；有的人信佛只忙自己的修行，住在山林或精舍，不問外事，完全失去對眾生的關懷，其實真正的「人間佛教」是現實重於玄談，大眾重於個人，社會重於山林，利他重於自利。用佛法淨化我們的思想，讓佛學作為我們生活的依據，才能讓我們生活在喜悅中。

度眾的方式很多種，我用的是自己的方式——「人間佛教」，入世與出世間，我們的尺度要拿捏得一分不差，「人間佛教」就從這裡開始吧！

# 尋得人間好時節

我修持禪門的臨濟宗，臨濟宗的重點不在個人領悟禪旨，而在悟後如何重新面對人生和世界。南泉普願說道：「須向那邊會了，卻從這裡行履。」我常想，佛法並不是單純解決自己的覺悟問題，同時有一個普度眾生的問題，所以我更秉持六祖教義去修行布道，廣結善緣。有次，美國《論壇報》記者赫里先生問我如何在一年多的時間，能轉西來寺附近的美國居民劇烈反對之語為讚美擁護之聲？我告之西來寺是一公開開放的寺院，不分宗教，不分種族，只是給人服務，給人歡喜與結緣……，我話未畢，他似有所悟。

今年是我四十多年來第一次離開台灣過年，也是五十年來，出家後第一次和母親在一起過年，從母親手中接過兩元的壓歲錢，心中好暖和；當她坐在輪椅上，我為她推車的一刻，她最得意，她說別人尊敬我，我尊敬她，這不是她的偉大，而是我真正的孝順。

她順口說了一個小故事；有個兒子在外經商，寫了封家書給妻子：

秋海棠身體保重，金和銀隨意花用，
麟麟兒小心養育，老太婆不要管他。

哪知這信妻子秋海棠沒有收到，反被母親見著，老媽媽於是回了一封信給兒子：

秋海棠得病在床，金和銀已經花光，
麒麟兒快見閻王，老人家越老越壯。

逗得身邊的幾位徒眾笑了。

吾爾開希從波士頓打來電話，提到有意隨我出家的念頭，是福德因緣？是一時困擾？人生道路上，千變萬化，對未來國家的前途，個人事業，是有所知？是無所知？茫茫前程，真要般若智慧來抉擇。我想起，有一惡人，臨終忽有領悟，他說：非為理所剋，理為法所剋，法為權所剋。權，似乎是最至高無上的了，但為天所剋。天網恢恢，報應是極可怕的。緬懷邦國，為之撫然。

在一次家庭布道中，有位信徒問：「如何建立美滿家庭？」

我勉以：「你樂我苦，你大我小，你對我錯，你有我無。」

另一位信徒問：「如何才能快樂？」

我笑答：「以眾為我，以忙為樂，以勤為富，以忍為力。四正勤中，未生善令生起，已生善令增長；未生惡令不生，已生惡令斷之。而忍則是一種力量，一種智慧。」

「師父，您靠什麼補品維持健康呢？」

眾信徒笑，我稱：「智慧、慈悲、樂觀、明理、感恩、滿足，這些都是我的健康補品。」

「請師父開示如何讀書？」

「讀書時，先縮小自己。創業時，再擴大自己。」

「大師，貧窮者，如何行布施？」

我告之：「布施奉獻法門多，初品錢財與物質，中品發心力供養，上品隨緣說好話，上上品心存歡喜與恭敬。」

一位信徒問得好：「什麼叫隨緣？」

「隨緣不是隨波逐流，而是珍惜當下。當下不在他方淨土，而是求自內心。」

每當弘法布道至凌晨返回寮房，總想起溈山禪師：「欲做佛門龍象，先做眾生馬牛。」慈航菩薩亦云：「如有一人未度，切莫自己逃了。」願力也！慚愧如我，只有更發廣大心，願人間佛教光照大千，眾生咸令得大法樂！

徒兒上佛光山來看我，淒淒地說：「師父，我真白修了，脾氣壞透，對任何事不耐煩，對整個大環境更是厭惡至極，怎麼辦？」

看看她：「不會啊！你很好；我要到大慈育幼院同他們說幾句話，你要去嗎？」

當她坐上我的車，她訝異我會開車，她心中一定有個問號，我為什麼自己開車？

我問她：「你覺得我車開得如何？」

「師父車開得真好，很穩，坐起來很舒服。」

「你注意到了嗎？我開車，別人都讓我。」

她似乎悟了慢條斯理、不急躁的道理。

「師父應該常常在路上開車，我開車像開戰車，但我也會讓您。」

我故意放慢車速：「有個女人，長得很醜，在村子裡，大家叫她醜女，沒有人要與她交往，她孤獨、痛苦，想以死來結束自己，當她走到河邊，正要跳入河中，有位禪師抓住她：『姑娘，人有兩條命，一命是自己的，一命是眾生的，屬於你的命已經跳河死了，屬於眾生的命請你珍惜。』

醜女似有所悟，心想，他們不喜歡我，但我可以喜歡他們啊！於是，她在村子裡熱心而主動的助人，給人方便，給人歡喜，贏得許多讚美，也不再有人認為她醜了……。」

徒兒開心地說：「謝謝師父開示，就算是美女，不懂得包容與付出，別人也不會認為她美。」

徒兒到了大慈育幼院，對我說：「師父，這裡的老師和院童真的把快樂寫在臉上，他們真是有福的人！」

當徒兒要下山時，我面告她：「記住，此後，凡是金錢、事業、友情、感情，沒有結果的，都不必談了！人不必都成佛，也不可能都成佛，但得身心安靜，物我相諧，也就接近禪的境界了。有幾句偈語，你帶著——

春有百花秋有月，
夏有涼風冬有雪，
若無閒事掛心頭，
便是人間好時節。」

# 把「理」收起，「道」在當下

一群教師信眾問我：「現代的青年頑固、偏見，不懂『生活』、不會『思想』，如何教法？」

我思索後告之：「在佛學院，我要求在生活上的訓練：要過如法、如儀、慈悲、無惱、法喜、禪悅的日子，與人相處時有我也有你，有入世也有出世，有原則也有包容，以全體為中心！用專制的方法訓練，用自由鼓勵他的思考，肯定其人格與尊嚴，否定其頑強與執著。

思想上的訓練：在不平中能心平，不滿中能自滿。『道』要在生活中求，理中不可廢事，才能理事圓融，世間上每一個成功的人都是由血汗堆積起來的。每一個層次、每一個階段都有它訓練的目的與必經的過程，能忍下去就有前途與未來，如果學生能把『理』收起來，不要與老師論理；『受』，凡事接受，在接受中，『道』就在當下，各位以為如何？」

老師們雖然點頭，但我知道現在的教育工作好難呀！

有位記者來訪，他問我經常國內國外跑，怎麼有那麼多錢買機票？我告訴他，我一生沒有儲錢的習慣，但我個人從不覺貧乏，因為到各地弘法、演講，都是受當地信徒邀請，除機票供養外，也供養我吃住，而且出家人很簡單，大海之水雖多，我卻只取一瓢飲。

記者先生又提到有人認為佛光山不該用水泥製造佛像；我告之佛光山開山至今已近五十年，每天有成千上萬的信徒朝山禮佛，拜的都是佛祖而不是水泥，為何他口中的人既不辭千里迢迢到佛光山來，卻看不到佛祖而只看到水泥？實在可惜啊！這個問題讓我聯想到人的「禪心」，或許有機會可以與各位談談禪的修持。

在對徒眾開示時，我教導他們對一般事務性的錯失不必太計較，但對別人講話故意刺傷或欺侮是不可原諒的。我說諸供養中以「法」供養第一，希望每人說出一句最有心得的話，於是——

「看好自己的腳下。」

「對承諾不後悔。」

「一切都要有基本動作。」

「愛的淨化是慈悲，愛的提升是智慧。」

「能接受多少，就能成就多少。」

你一言，我一語，極為精采。

也不知在多少場合中，被信眾問道：「什麼是『般若』？」其實「般若」是眾生的本來面目，是一種能透徹宇宙真相的智慧，般若有知苦滅苦觀空自在的功用，無般若的生活有如盲者摸象，易為苦樂所動搖，所以我們要以般若來處事，以般若來生活，人生自然美妙無比。

有位徒弟受點小挫折，跑來向我抱怨：「師父，您欣賞誰，誰就有辦法！」我反問他：「是這樣的嗎？在大團體中，只有我欣賞你，別人不欣賞，我也沒辦法；但，如果你有實力，我不欣賞，大家卻都欣賞，那你就有辦法了，不是嗎？」

他無語。我開示道：「人生除了生、老、病、死四苦外，還有一苦就是『比較苦』，與人比較、計較會讓人苦不堪言。現代人，除了布施、持戒、忍辱、精進、禪定、般若六度外，還必須修持第七度——自度，因為『靠山會倒，靠人會老』，靠自己才是根本啊！」

我又說：「開山至今四十多年，佛光山不曾有過糾紛是與我性格有關，我能『忍』，對不滿、不悅、不快、不妥、不宜、不適的事，從不輕易地說出一句，很多人吵架、不和、不平，不都是因為『我怎麼不知道？』『怎麼不對我講？』其實師父的道理都是雞毛蒜皮的小道理，只是被很多人遺忘罷了！」徒弟點頭而去。

信眾向我訴苦：「我夾在老闆與主管之間，不但難做事，還十分痛苦！」

我安慰他：「你的主管其實不懂老闆的心，土地能長五穀、冒甘泉，卻任人踐踏而默默無言，為人屬下者，也應具有成就老闆的心胸，凡事多承擔，多受委屈，你要與老闆、主管相處，莫過於『居下猶士』！」

在這紛擾的社會裡，我常思想，一個人沒有學問不要緊，就怕沒有心，光有技術、學位並不能統馭人，會做人，人緣好，自然大家都會來成就你，就是所謂的「人成即佛成」。我也常想，在社會上已受到別人太多的否定、拒絕、排斥、搖頭……，所以我對別人要肯定、接受、容納、承認，結好緣、善緣、福緣……，但願我「皆大歡喜」的理想能布滿人間。

信徒問：「何謂『八關齋戒』？」

我想很多信眾對「八關齋戒」都似懂非懂，不像他這麼勇敢地問。

「八關齋戒」是佛陀慈悲，為讓在家信徒也能體驗出家人的淡泊和清淨之生活而制定，其戒條除五戒中的不殺生、不偷盜、不邪淫、不打妄語、不飲酒外，加上「不捉持金銀寶物」、「不香花鬘塗身」、「不往歌舞觀聽」、「不睡臥高廣大床」，以及「不非時食」，共八戒一齋。其精神在於美化自我，不用化妝品修飾容貌，不用物質享受提高身分，而用內在的慈悲、道德來莊嚴我們的身心。

每次出國，隨身總帶十幾本書，在機上又有改不完的文稿，連休息都捨不得，即使在國外也忙得時間不夠用，想到芸芸眾生未度，想到未了的心願，想到一休禪師的禪心，不禁祈願——

願借昨月昨日還清今月今日，

願借來月來日補作今月今日！

註：民國一〇〇年，星雲大師視力幾近於零，閱讀與審核文稿，皆需徒眾朗讀，但他仍勤於閱讀，毫不懈怠。

# 娘言，良緣

母親從揚州輾轉來到洛城西來寺探望我，我將母親安單於山下客房。他雖已九十一高齡，但神采奕奕，步伐比我還快；她沒受過教育，但所知歷史甚多，記性又好，又喜開口，我成了她最佳聽眾，滿口揚州話，卻常語出禪機。

她看到佛前的香花供養，說道：「我不要香，也不要花，只要凡夫的一點心意。」

在寶藏館看到佛陀說法的坐姿，她說：「講經說法的人常常度人得道，但講道的人是不易得道的，講道的人若得道，那地獄眾生誰去度呀？」

走到客堂，她對圍在身邊的人群說：「以前揚州有個女人，生四個女兒，皆送給別人家，長大後女兒一個個又回到她身邊，她卻一個個送去出家，鄰居都說她是瘋女。有一天她對大家說要去朝南海觀音，大家又以為她在說笑，正當大家你一言我一語時，她在打坐中往生去朝南海了。」

母親對佛光的徒兒們說：「在中國傳統思想下，女人總要一修不受公婆氣，二修不受丈夫欺，三修懷中不抱子……，你們都是有根基的，才會出家，又有師父教導可以得道，否則就要六道輪迴了，你們都很偉大！」

陪著母親散步到西來寺左下坡時，我用鑰匙開了側門，告訴母親：「這側門是往西來寺的近路。」

母親說：「正門？側門？人生在世，上等人是迎上門，中等人是人待人，下等人是求不成，哪有什麼近路？」我暗想人世間現實的一面，真被她一語道破。

我辭別母親赴夏威夷大學弘法，我知道這一走至少兩個多月，母親說：「我不會管你，別人也不敢管你，你為何要對自己如此嚴格？不可太勞累呀！」

在一個月中，我走過亞、美、澳三大洲，舉行十四場佛學講座，七次皈依典禮，十餘次隨緣開示與座談，聞法信眾有數萬人。

在夏威夷大學的三天演講，據一位當地信眾告訴我，這是夏威夷開講佛法以來，聽眾最多的一次，雖然很想再與他們共研佛法，奈何往澳洲的行程緊跟在後。

受到臥龍崗市長與當地官員的熱誠接待，實感欣喜，除與有關人員洽談興建南天寺事宜外，我應布里斯本的華僑信眾邀請，前往弘法，路經黃金海岸一遊，實令人讚嘆世間之美，此地的景物真是人間桃源。

有位信徒說，十多年前在佛光山上見過我，為何我都不老？我笑著回答：「實在是沒有時間老啊！」

匆匆離開澳洲，飛往馬來西亞沙巴州，是為斗湖普照寺主持佛像開光與落成典禮，當地的十三個佛教團體請我定時到沙巴弘法，並派法師為其舉辦夏令營，協助他們訓練幹部等，求法之情，殷勤而迫切！

從斗湖經亞庇飛往美里，在美里民事中心，有兩千多位信眾參與講座，我為他們開示「六度波羅蜜」。

我譬喻六度為：

布施——發財號；

持戒——道德號；

忍辱——修養號；

勇敢——精進號；

禪定——安心號；

般若——智慧號。

希望大家都能搭上這六架飛機，飛向美滿幸福的人生。

在沙勝越的肯雅蘭戲院，我為三千多名信徒開示通往解脫境界的八正道，信徒們提出些有趣的問題。

「星雲大師，你對外星人的看法如何？你覺得有沒有外星人？」

我回答他：「信佛的人念阿彌陀佛，阿彌陀佛就是外星人，在佛教裡早有外星人啦！」

有位信眾問：「花草樹木能否成佛？」

我答道：「為何不問自己能否成佛？世間人是非太多，問花草樹木能否成佛即是是非，自己若能成佛，花草樹木自然能成佛，何須問？」

信徒又問：「是否真有阿彌陀佛？究竟在哪裡？」

我回答：「一切眾生皆有佛性！」

又有人問：「哪一尊佛最大？」

我答：「自己最大，人，常常忘了自我的存在！」

飛抵香港佛香精舍，才坐定，來自瑞士的樓南醫師隨即來訪。他是一位虔誠佛徒，邀請我到瑞士建寺弘法，他說瑞士是歐洲的中心，很適合建寺弘法，當地政府對各種宗教亦極友善，只要我同意，他便馬上著手安排，我允諾考慮。

在沙田大會堂有兩千多人聞法。

信眾問我來港弘法的目的為何？

我說：「為了破除部分香港人士的迷信；一般賭馬的人看到出家人，認為準是輸錢，計程車司機不載出家人，其實出家人等於財神爺，出家人是真理的使者，象徵道德，把慈悲善良布滿人間，是代表吉祥與財富！」

世人行事亦常問何者大？何者小？其實，「心中有事，世間小；心中無事，一床寬。」大小在心中呀！

這趟路，我真是廣結善緣，最難忘的是在石鼓洲的越南難民營為他們開示解脫苦難的法門，他們個個神情肅穆，合掌稱念觀音菩薩聖號，伏地頂禮，我發願，希望他們早日脫離苦難！

# 人間修行苦

徒弟一見到我雙膝落地，淚水不止，她訴說摯友猝然而逝，死者一生助人不求回報，卻被朋友陷害無數，連畢生血汗買下的房子都因替朋友擔保而被法院查封；他的能力強，遭長官猜忌而不得翻身，連太太與好友過從甚密，他都責怪自己公務太忙，無暇陪伴而原諒太太，極力挽回婚姻……這樣一個正值壯年的人，無病無痛，好端端地走，這世間何公道之有？

我極力安撫她不平的悲痛，我讚頌她摯友的歡喜受報。他來人間修行，人間修行本就比出家修行苦，在世界上，什麼人都可能辜負我們，唯有因果是不會辜負我們的。學佛要學心裡的富貴，世間的好壞不要太認真，有時不好也好，人間修行本就要在社會上扮演吃虧的形象，慈悲、道德、忍辱、犧牲，都要歡喜承受；現實世界本是五欲六塵的世界，人我紛爭的世界，重重災難的世界，更是身心無常的世界。我更讚頌她的摯友懂得從小我的人間到大我的人間，一個人要得到快樂，必須擴大小我，融自己於大我，從大我中懂得快樂。如同一枝蠟燭光，把它分傳給很多枝，每一枝都亮了，並不影響第一枝的光明，反而更增加空間的亮度。

有首偈語：「佛法在世間，不離世間覺，離世求菩提，猶如覓兔角。」佛道在哪裡？佛道在世間，佛道在大眾身上。經云：「諸法因緣生。」一個人要想獲得快樂，必須化私為公，化我為眾。

人更要從接受的人間到報恩的人間，從前的人「滴水之恩，湧泉以報」，韓信接受漂母一飯，後以千金相報。可是，現代人，你對他施以九十九分的恩惠，只有一分不如意，他就會永遠記恨你。人與人若能懷感恩之心，則仇恨、嫉妒便會消失於無形，是非煩惱亦匿跡於無影。

我面告徒弟：「佛門中人，生死乃一如也，既然有生，怎能無死？摯友是有了成就而去，倒是你，你要繼續人間修行，多保重，保住好身體才能精進事業。我六十多，每天為弘法事業忙碌不堪，深怕來不及做，不做會後悔，你更要為文教事業努力。」

事業要有成是很辛苦，伯爵山莊的莊主張姚宏影女士，先生去世多年，一片江山由她獨自打下，她曾經對我說：「師父，我這一生都是在求人，在說好話的情況下，事業才成功的。」

所有領導者的心境皆如此啊！要做一個有成就的人，談何容易！

黎玉璽寫信告訴我要辭去記者職，做一年閉關專修，我常想在家徒眾對佛法的精進，真令人佩服。我曾對徒弟說福報好的人入寺出家，出家人的心願較易達成，要個育幼院，十方信眾的力量就自然匯集，要成就任何事業，助力自然就來，在家眾有時因緣不夠，所以要更艱苦精修。

才回到山上，一弟子對我說：「師父，我們都知道您在外弘法，像空中飛人，對時光長短、空間遠近早已忘記，也不會介意，非常辛苦，但可別忘了在本山您的徒弟也很需要您，請您留點時間給我們。」

我很受這些話感動，但我也訓之：「若以色見我，以音聲求我，是人行邪道，不能見如來。」若我的徒眾認為每天在我身邊跟前跟後的，才算親近我，那我可要失望了！

想著「人能弘道，非道弘人」，能讓更多的人享受法喜，也就忙得不知道什麼叫累。

連續一星期在空軍官校、蘭嶼、海軍陸戰隊、成功嶺、憲兵學校、金門及數個軍團弘法，勉勵他們多親近善知識，追求內在的體驗，才有力量！

我直覺軍中更需要佛法，因軍中生活是硬的，佛的生活是柔的；軍人是勇敢的，佛是慈悲的，如能勇敢加上慈悲就更好了。軍人重外在，佛講求內在。軍人要物質的生活，也要精神的生活，有心外的生活，也要有心內的生活，有前進的人生，也要有後退的人生，有開放的人生，也要有關閉的人生，有接受的人生，更要有感恩的人生。

聽說軍中素食風氣很盛，我告之素食可以培養耐性，老虎、獅子雖是肉食，但凶猛而後繼乏力；牛馬雖吃草，但個性柔和且有耐力！

在一座談會上，有人問道：對外界有人批評我是政治和尚的看法。以前對這問題，總覺我一切言行作為根本與政治無瓜葛，「非心非佛」，而不承認。不過，現在覺得「即心即佛」，政治和尚沒有什麼不好，「政」是大眾之事，沒有資格參政的是那些被褫奪公權的人，佛教負有改善社會、淨化人心之責，地藏菩薩肯到地獄去救度眾生，我們為什麼不能到群眾中去廣度眾生！非心也好，即心也好，我仍是我！

人處在現代的社會，要給人利「用」，才是有用之人，不計得失，把自己融在大眾裡，平等相處，才是做人處事之道。

有信眾問我的人生觀，我笑答：「以無為有，以退為進，以空為樂，以眾為我。」

徒眾亦問道：「如何親近師長？」

我答：「見解一致、思想統一、精神相依、甘苦與共、生死不易、榮辱不離、兩心相通、人我一如。」凡此皆人間修行也！

# 「大」與「小」之間

《維摩經》上有句「我有法樂，不樂世俗之樂」，是我與弟子們的道念；前兩天才剃度出家的男眾弟子賴國棟，就讀台中商專（已改成台中技術學院），是個謙恭有禮、生性樂觀、肯於助人的好青年，我勉其好好用功，尤其是身著僧裝，更應有使命感，在校的表現要比以往更合群、更主動、更慈心。他虛心的說：「師父，您放心，我一定做到。」

我叮嚀著：「只要你安心，我就放心。」

在家庭普照中，我對信眾開示：「發財，該發什麼財？有形的金錢、股票、投資……皆靠不住，要發信仰的財富，發懺悔的財富，發勤勞的財富，發知足的財富。有理想、有抱負的人生，處事著重於該為不該為，不在乎別人的批評，要有接受別人批評的雅量，才有資格與人共事，一個人心量有多大，事業就有多大，心能容多少，成就就有多少！處處提醒自己，要不斷自我學習，凡事要重新調整思想，重新估定價值。過去只知自己，現在則要為大眾而輕自己，以前重出世，現在要重入世！」

退役不久的宗住問我：「師公，您那麼『強』，我們要如何才能跟得上？」

我忙告訴他：「在佛門，我的梵唄、法器並不好，也不會英、日文，徒弟中語言、梵唄，能力比我好的人很多，唯一我認為比別人強的地方在性格與心量。

性格：我好廣結善緣，歡喜與人為善，不灰心，不退縮，不會將徒弟認為是我私有的。

心量：我能包容能力比我強的人，我能包容意見和我不同的人，我不計較別人的過失。出家五十年，沒有自己的時間，更談不上享樂，總是不分晝夜本著良心，不怕挫折的為弘法度眾事業著想。」

我為信眾們開示：「習慣能控制命運，迷信能控制命運，情念能控制命運，權力能控制命運，業力能控制命運。

壞習慣如同麻醉藥，腐蝕我們的性靈，蠶食我們的生命，毀滅我們的幸福。迷信使人生蒙上一層陰影，無法見到自性的光明。要免除感情的束縛，必須持有智慧的利劍，煩惱、癡愛才得以斷。《出曜經》言：『伐樹不伐根，雖伐猶復生；伐愛不盡本，數數苦復生。』權力欲更易腐朽我們純真的本性，在飽嚐權力的滋味後，是無法品茗人生本味的。口中所說，心裡所想，身體所做，此三業雖能控制我們的命運，但控制業力的卻在自己。既有這麼多控制命運的力量，當然也有改變命運的方法，觀念、信仰、結緣、持戒都是良方。」

我一生在六波羅蜜布施、持戒、忍辱、精進、禪定、般若上修持，我告訴信眾，有智慧的宗教是具有涵養慈悲的道德。

信眾問：「如何祛除心上的貪、嗔、癡三大病？」

我回答：「佛經裡有兩句話——勤修戒定慧，息滅貪嗔癡。有次我在日本的日光公園，看到雕梁上雕有三隻猴子，一隻掩著眼睛，一隻捺著耳朵，一隻摀著嘴；這三隻猴子不正暗示我們不當看的不看，不當聽的不聽，不當說的不說，就可祛除我們內心被貪嗔癡所覆蓋的煩惱嗎？」

母親終於償了宿願——到台灣來看看佛光山，看看我的徒眾。當她看到滿山滿谷的香客到寺裡拜佛，她說：「佛祖哪要我們上香，祂是要我們真誠向善的一片心。」她覺得台灣的人充滿了道德、善心；感慨地談到文化大革命時，家鄉的寺廟被破壞，最傷情的是家中的一尊觀世音菩薩被丟在河裡，為了保存我的照片，只好在牆上挖個洞……，這些年跟我聯絡上，她也因而受到重視，但她對縣長、鄉長這類人她不一定要招呼他們，對那些乞丐則主動去跟他們講話，也常濟助他們物資。

我故意逗她說：「要是我，縣長、鄉長才要去招呼呢！」

母親白了我一眼：「熱的火爐不必用扇子搧。」

其實母親對佛法的領悟力很強，她對徒兒說：「菩薩不在天上，天上清閒無事可為，菩薩都在人間，熱鬧的人間若布滿活菩薩，眾生就可出離苦海。」

很多媒體想採訪母親，我徵詢她老人家的意見，她連連搖頭：「不要，人愈小愈好，像你這麼『大』，這麼『大』不苦嗎？」她憐惜地望著我。

我忙說：「您才大，沒有您哪有我？」她笑得好開心！

母親的三餐非常簡單，早晨一點茶，偶爾麵，中餐一碗豆子粥，晚餐一碗粥，配小醬瓜、豆腐乳。幾十年習慣都如此，即使加一、兩樣菜在桌上，她也很少去碰。我常想，母親有如此健康的身體和思想，跟她的「簡單」很有關係。

她雖高齡，仍滿心童稚，在萬佛城抽了兩張法語——

從征萬里走風沙　南北東西總是家
落得胸中空索索　凝然心是白蓮花

無邊風有眼中眼　不盡乾坤燈外燈
柳暗花明千萬戶　敲門處處有人應

她笑著說：「好準哦！我現在就是這樣，到處都有家，到處都有人。記住啊！下半年我還要來逛逛。」

母親很能了解我的心，在信徒大會上，我說希望成立世界性的國際佛光會，實踐人間佛教的理想，她在與大眾見面時說道：「天堂就在人間，人人心中有個靈山塔，好向靈山塔下修，我要大師好好接引大家，他是大家的，不是我的……」母親替我的人生下了註腳。

# 莊子的鬥雞哲學

從今年開春以來，在許多弘法的會場，一再被關心國事的信徒詢及對當前政治的看法，想我一方外之士懂什麼國事，更不便分析，但為了滿信眾的願，我告之佛教理想中的國家政治應具足四點：

一、民主道德的政治：佛教國度每個人都能脫離一切束縛，做自己的主人，集權專制是佛教所喝斥，民主憲政國家的實現，道德掛帥政治的完成，才是國家政治的最終目的。

二、祥和互敬的社會：大眾應培養隨喜讚嘆，包容異己的氣度，從平等法性之中體認諸法實相，彼此互尊互重、共創祥和開明社會。

三、取捨合理的經濟：僧團注重利和同均的經濟生活，也希望政府沒有經濟壟斷，貧富懸殊、勞資對立之社會問題能合理解決，人人得其所應得，建設民有、民享、均足的社會。

四、樂觀勤奮的生活：時時不忘春耕，自然能有秋收，唯有持精進的耙鋤，在樂觀的田園上，撒下希望的種子，才能收菩提的果實。

我更看見那麼多的「難捨」之士，在官位上爭得滿是傷痕，既不利己也無利他。我想起兩首禪詩，一首是：

萬事無如退步人
孤雲野鶴自由身
松風十里時來往
笑揖峰頭月一輪

另一首為：

不怕飢驅不怕寒
最難忍耐是為官
陶然亭上長眠去
身縱無歸心自安

不知在位者以為然否？

韓國九龍寺為具有一千三百多年歷史的通度寺之分院，九龍寺住持頂宇法師三次親上佛光山，請我前去主持佛像開光、落成法會暨開大座講經，其請法之殷切與誠摯，實令我感動，在開大座講經會上，我以四句話與韓國信眾結緣：一、《華嚴經》的不忘初心。二、《維摩經》的不請之友。三、《八大人覺經》的不念舊惡。四、《大乘起信論》的不變隨緣。希望他們以此佛法來對自己、信仰、朋友和社會建立起快樂的生命。

信眾問我：「對韓國佛教有何看法？」

我告之：「希望以禪為主的韓國佛教能加強現代化、人間化，因為真正的禪是沒有時間性，是最具現代精神的，最有人間性的佛法。」

「佛法如何在現代化中不失傳統？」

我的主張是：「教義是傳統的，方法是現代的；思想是出世的，事業是入世的；生活是保守的，弘法是進步的；戒律是原始的，對社會是現代的。」

「佛法應如何利益現代的社會？」

「佛法是積極的、建設性的、樂觀的。如佛法說『苦』，目的是要眾生『去苦得樂』；說『空』，是要人建立『妙有』；說『無常』，是要我們進步，並掌握自我改善的因緣。因此佛法是對社會最有貢獻的思想，讓更多人積極而自信的參與佛法便是利益社會。」

兩個小時與一萬多名韓國信眾講演，他們無人走動、全神貫注之聽法態度，讓我深深感動。

偶翻《莊子》，讀到一則發人深省的故事，大意是說有位名鬥雞師叫紀渻子，他訓練鬥雞的本事遠近聞名。有一天，周宣王要他訓練一隻勇猛無比的鬥雞，紀渻子接受任務後，過了數十日始終沒消息，宣王不耐，催著紀渻子，他回答道，「還不行，此雞生性自狂自傲，只會虛張聲勢，其實遇到強者不堪一擊！」

又過了許久，宣王再追問他，紀渻子又回答：「還是不行，此雞沉著不夠，牠一聽其他雞叫，就會衝動，擺開架勢，還不是大將之風！」

再過多日，宣王再催，他仍答道：「大王，現在仍不行，此雞一近他雞，就會氣昂昂雄赳赳，像如此不能沉著，只知匹夫之勇，還不是最好的鬥雞！」

最後，宣王失望之餘不再催問。一日，紀渻子主動進宮，對周宣王道：「你要我訓練鬥雞，現在已完成任務；此雞現在聽到他雞啼叫，恍如不聞，見到他雞跳躍，恍如不見，就像一隻木頭雞，氣定神閒，從容安詳，牠已是全能全德，只要其他鬥雞一見到牠，就會落荒而逃，不戰而勝，這才算真正的鬥雞啊！」

在弘法中，常感覺一般人學習技能，總希望速成，甚至學佛的人也希望當生成就，立地成佛。孰不知「不經一番寒徹骨，哪有梅花撲鼻香」、「千年古松不是一日長大的」、「要得工夫深，鐵杵磨成繡花針」。悟，雖只一刻，但要能歷經長期的修持，修道者要能經得起時間的考驗，凡事耐煩，這才是學者應修的第一課。

這又讓我憶起十年前，有一位讀醫學院的徒弟，他的師兄弟以他為榮，只要有人到台北，都會繞道去探望他，他因功課忙又要實習，寒暑假回常住的時間也短，大家都能體諒。當時山上正籌組「雲水醫院」，期盼他學成後加入。

在他醫學院畢業的那年暑假，有一天，他找我講話：「師父，我今天到殿堂去幫忙，看到師兄弟在收信徒的油香，我覺得好可恥！」

當時我默然許久，問他：「為什麼？」

「佛門是清淨地，拿油香錢太俗氣了。」

我腦海裡映著在殿堂裡服務的徒眾，每天要犧牲自己修持的時間，將佛法布施給人，解決人們心裡的困難、煩惱，其辛勞不亞於「生命線」、「張老師」，信徒布施淨財，在「財法二施等無差別」的功德下，是一項多麼神聖的弘法工作！

他醫學院七年數百萬的學費，不都是師兄弟們辛勤服務所成就的嗎？在學業完成時卻用嗤之以鼻的態度來回報，就不可恥嗎？

這是現代知識分子的價值觀嗎？

# 三界唯心，萬法唯識

在與信眾的座談中，我回答些有趣的問題，也說了些小故事。

孔子思想與佛教思想有何關係？

孔子講的是現實人生，道家追求的是超現實的無為思想，佛教則主張出世入世的融合，比前兩者平和。人之所以紛爭，無非是在思想上太本位主義，在意見上太以我為主，在相處上太接近，故要減少此紛爭，在對人有用、有利、有需要時要提起，否則就放下。

我常對徒眾說言語是了解一個人最好的方法，喜時之言多失信，怒時之言多失禮，多言取厭、虛言取薄、輕言取辱，勿因失言而造成悔恨。有些人這也不高興，那也不喜歡，不懂得廣結善緣，到處是冤家仇敵，日子如何過？我常喻，爛瘡在我身體上，還得用心去治療、包紮，何況是人待人！我們念觀音、拜觀音，不如自己做觀音。

有一磬，跟在佛身邊已久，一日，它問佛，它隨佛修行這麼久，為什麼佛已成佛，而它卻尚未得道？佛就告訴磬，道的修行，首重忍耐，而磬每遇有人敲擊一下，便哇哇地叫了許久，忍耐的功夫既無，自不能成佛。人必須先學會忍，將心中的不快忍下，進而修習將心中的不快與不平化為烏有，才能修更深的道。

宋時，有一段姓富商，養了一隻原產甘肅的鸚鵡。鸚鵡很聰明，不但會說話，還會背李白的詩，客人來訪時，牠還會叫僕人倒茶，主人非常寵愛牠。

後來富商因罪入獄半年，一回到家就對鸚鵡說：「這半年我被關在牢裡，日夜都在思念你，你還好嗎？」

鸚鵡：「您在牢裡才半年就受不了，我在籠裡已多少年您知道嗎？」

富商聽了感觸頗深，第二天就專程備馬車將鸚鵡送到甘肅邊界，將牠放生了。

其實，人生在世，誠如佛說：「三界如牢獄」啊！

有一位三十多歲的小姐，在洛杉磯外國公司服務，月薪是三千美金，神氣地開著賓士車來來去去。有一天打電話給我，問我個問題：「門窗緊閉著，靈魂能不能跑進來？」

「能，你為何問這個問題？」

她說：「前幾天有個朋友邀我陪她一起去參加一位泰國友人的喪禮，我因不認識就拒絕了，可是那晚睡覺時，在半夜裡，我突然把燈打開，發現有一個男人站在我面前，我們彼此嚇一跳，我看他不像壞人，可是在半夜怎麼會出現在房裡？過一會兒，他慢慢地往後退，退到牆壁就不見了。我心裡很不舒服，第二天打電話給我的朋友，答應和她去祭拜，在上香的時候，抬頭一看照片，正是那晚我見到的那個男人。這是靈魂嗎？」

我回答她：「是，但佛教裡不講『靈魂』，講『神識』，它不是有形的東西，穿牆入壁沒有障礙，我們的法身也是一樣，無形的。心如虛空，世間的一切無有不在我心中。眾生，我心中的眾生；世界，我心中的世界。無論什麼東西離不開心，三界唯心，萬法唯識。」即云佛遍法界。

我的徒弟，很多是因為我的善巧方便，逐漸地引他們走上出家的道路。

如依空法師，佛光山辦第一屆大專佛學夏令營沒有被錄取，從早上到晚上九點，始終在門外徘徊，當時他是中興大學中文系三年級。是我晚上巡夜見到他，把他引進，救了他。夏令營結束，他告訴我畢業後要來出家。當時我只是「哦！哦！」畢業後，他寫信給我說：今年不能出家，因老師介紹他到省立彰化高中教書，他說將來到佛教裡也需要這經歷。我說好！好！當然心裡也不抱希望，因走入社會，環境會改變一個人。第二年，他再寫信給我說：學生哭哭啼啼地不讓他走，而校方也一再挽留，可能要再一年。我說好！好！但我不經心的一句話：「今天學生用眼淚留你，等你將來用眼淚留他們時，他們一個個飛走了。」他很介意，我不知他為什麼如此勇敢，就這樣出家了。

選擇師父不是很重要，選擇道場很重要，如我選的師父，在棲霞山同住的六年當中，他和我說話只有三次。這三次都是受他處罰，有人打報告說我不好，他氣起來修理我一頓，其他兩次是挨罵。

我一生只見師父三次，平時也見不到他，但我心中有他，替他扶養家人及親友，我最感念的是他比別的師父好，一般師父很怕徒弟勝過他，而我的師父唯怕我不能勝過他。他默默盼著我成長。我在鎮江焦山佛學院念書，他在南京。鎮江省會發表我的一篇文章，他親自派人到鎮江買這份報紙回去看，他的愛護不是嘴上的慰問，他在默默地讓我成長，盼我在佛教裡做個佛門的龍象。他說：「你雖是我徒弟，但不是我個人的，是屬於佛教的。」出家，不能憑一念，要理性地評估一下自己未來的前途。

我一生買東西，如買一雙三十五元的鞋，總給人五十元。鞋商說：「唉！人家都是要殺價，你為什麼五十元向我買？」

「我也不是幫忙你呀！三十五元賺錢有限，你賣了不能賺錢，慢慢地就要關門不做了，我就沒有鞋穿，五十元多賺一些可改善品質，蓋工廠，我穿鞋就很方便了。我不是幫忙你，五十元是幫忙我自己的。」——我在世間是用這種觀念在生活。

# 「圓」的世界 「水」的哲學

我這一生做事最大的困擾不是挫折，不是艱難，而是時間不夠用。眨眼，離開台灣又一個多月了，不禁憶起一首對聯——

綠水本無愁　因風皺面
青山原不老　為雪白頭

人世間的事總是在已定、未定、待定的環境理想目標下循序不已。

我非常欣賞以退為進的人生觀，當一個人前面的世界遇到瓶頸時，大可不必沮喪洩氣，李密菴的《半半歌》道——

看破浮生過半，半之受用無邊，
半中歲月盡幽閒，半裡乾坤寬展，
半郭半鄉村舍，半山半水田園，半耕半讀經廛。

在弘法座中，有人問道：「對毀謗的看法？」

我把自己的經驗告訴他：「毀謗是打不倒一個人的，除非自己本身不行、不健全、沒有實力，我面對毀謗的方法是不去辯白，對是非則默擯之。」

「民主的定義是什麼？」

我告之：「民主就是協商，有意見時應彼此溝通、懇談，沒有解決不了的事。在團體中共識很要緊，否則各行其道，不就把力量分散了嗎？身為主管的助理要扮演協調的角色，要架橋溝通，不要彼此用言語築牆防禦。

『光榮』是由多數人共同成就的，現代趨向集體創作，凡事只知團體沒有個人。」

有一學生問道：「有人說西來寺是民運人士的客棧，您對這問題的理念如何？」

我笑答：「不管任何種族、類別的人士，只要肯走到佛前來，我都感到有意義，我一生不喜歡給人留有遺憾，凡事給人歡喜，如果能讓每一個人都歡喜，我甚至可以委曲求全的。」

有位大德問：「主管如何對待部屬？」

「要把自己化解於團體中，就如佛云『我是眾生中一個』，《願體集》上有句話——

人能以待死者之心待生人，則其取材也必寬。

人能以待初交之心待故舊，則其責備也必恕。」

徒弟問我：「為什麼大家有事都找您談，且心甘情願地為您所用？」

「孔子有句話說：『能與人言而不與之言則失人，不能與之言而與之言則失言』，我自信自己是個不『失人』又不『失言』的人。」

經常被徒眾問到的問題是：「佛光山為什麼有錢？」

「其實佛光山從開山以來，經濟方面是在日日難過日日過的情況下度過，從未停歇；在佛門有些人總認為貧窮才有道行，談『錢』就很粗俗。一個人除非不做事，要做事就離不開錢，金錢是學道資糧，是很現實的問題。如何將信眾們布施的善財、淨財、聖財，好好用在佛化事業上，才是值得關心的事。」

徒弟問：「在師父心中的能幹是何形象？」

「所謂能幹是隨和、謙虛、體貼、遷就、忍耐、不易怒、沒有氣勢，讓每個人皆大歡喜，要以收心、修心、用心、明心來面對每一天。」

信眾問：「如何面對『氣』？」

「人心裡不舒服而介意，謂之『氣』。氣雖沒有形質，但在生活中卻跟我們相感應，如：氣色、氣味、氣息、氣量、氣概、氣數、氣節、氣質……

一個人——

怒則氣逆、喜則氣緩；
非則氣消、恐則氣轉；
寒則氣閉、暑則氣泄；
驚則氣亂、勞則氣滅；
思則氣結、怨則氣損；
如何使自己心平氣和，就需般若智慧了。」

我一生行事都以事為主，非以人為主，依法不依人是我「公平」的基準。我從未嫌過一個徒弟，大家在我心目中都如天之驕子，招呼徒弟吃飯、喝水，順其情緒做事是常有的事，也希望身為主管的徒弟們，多少學一點我這份體諒心，對屬下多包容、多寬待、多照顧、多用心，不要老大、氣勢！

憶及在大陸，我從棲霞山到進山時，在客堂，身為頭單知客的太滄法師，馬上出來見我，我那時還是個學生，就能如此受禮遇、重視，至今難忘！愈成熟的稻穗愈低頭，慈悲、柔和、親切實是身為主管的品格。為做事必須忍耐；為完成必須委屈。我甚少因「人」的因素而破壞圓滿，故常訓示徒眾要有「常住第一、自己第二」、「大眾第一、自己第二」的觀念。

在日常中我悟出生活就像翹翹板，不是上便足下。為人處事在遇到困境、瓶頸時，要能如「水」——遇山水轉，遇石水轉，遇岸水轉，無論遇到誰，我轉！因此在人生旅程上，何妨委曲婉轉，流出自己獨特流域，流出我們自己理想的曲線。

在高速公路上，看到即將下山的太陽，紅透得如一個蛋黃非常好看，大自然非常奇妙，圓的太陽、圓的月亮、圓的地球……真理也是圓的，法輪也是圓的，有「圓」才能轉，能「圓」才好看，故人不能有稜角，要圓融、圓滿、圓轉，則無事不成！

# 石之五訓

## 如何自在

有人問：「如何『自在』？」

我答：「時自在——命自在

處自在——心自在

物自在——捨自在

周邊自在——業自在

大小自在——生自在

有無自在——心自在

動靜自在——信自在

深淺自在——願自在

無礙自在——法自在

不自在亦自在——智自在。」

「知人、育人、用人、留人」是身為領導者必具的識能；知人首重目標一致，育人則要懂得教導部屬，用人要公平合理，留人要使之有前途，在統理大眾上——

一、不能一開始就想要了解人的優點，必須等用人之後，優點才會自然呈現。

二、用人時，只須取其優點，不必過分去了解他的缺點。

三、不可只任用投其所好的人。

四、不要計較小過，只要重視對方的工作即可。

五、用之則無疑，務必給予充分權限。

六、在上位者，不可與在下者爭功。

七、人才者，必有乖癖，因為是器材，自然不能捨癖。

八、只要能善用人，必定可獲得適事、應時的人才。

而居於下位者，對處事之態度，莫過於「勿以七分的學德，博取十分的榮譽。應以十分的才幹，擔負七分的任務；要用十分的準備，教授三分的課程，雖受三分的恩惠，也報十分的德澤。」

## 話，可聽可不聽

有些人話多，卻都無益，我舉個例對大眾開示：「有一次愛迪生對海倫凱勒說：『你聽不見聲音也有好處，至少比較容易集中心思，不受外界干擾，像這樣活在自己世界裡，不是很好嗎？』

海倫凱勒說：『如果我是位像你這樣了不起的發明家，我希望能夠發明一種使聾子得到聽力的機器。』

愛迪生詫異表示：『你這麼想？我可不做這種無聊事，反正人類說的話多半無關緊要，可聽可不聽。』

「你們同意嗎？」頓時無聲。

## 慈心學校

六祖惠能大師，當初之所以能到五祖弘忍處求法，是因一位善士安道誠先生，施銀十兩為其作安家費，才成就其學道，而成為一代祖師！俗云：「錢有兩戈，逼死多少英雄；窮只一穴，埋沒無數好漢！」有很多歐美先進國家，在教育方面的福利設想得非常周到，學生就學期間不僅每月可領到零用金，畢業後還有創業貸款，等事業安定或有基礎時，再酌量分期還給國家。我們期待國內在這一方面能迎頭趕上。讓我聯想到每當我到監獄布教，總感覺那是一個「養成壞人」的學校，在監獄裡凡事「不可！不可！」的壓迫教育，容易造成犯人憤世嫉俗的反叛性格，而學到更多犯罪技能。

我很有心想替政府設立「慈心學校」，把所有犯人在釋放前三個月，交給慈心學校施予感化教育、心理輔導，改變思想，可以打坐、可以運動、可以回家探親、可以交友、可以說話、可以閱讀書報，在充滿慈悲、溫暖、愛護與關懷的氣氛下，幫助犯人淨化思想、心理，教導做人處事的方法，培養謀生進德的技能。如何將「監獄生活」當作是閉關、磨鍊、勵志的地方，來成就自己的修養，是一個值得探討的問題。

在猶太教法典裡說，天地間有十大強者——

鐵強，火可以熔化它

火強，水可以熄滅它

水強，雲可以蒸發它

雲強，風可以吹散它

風強，人可以抵擋它

人強，恐懼可使其消沉

恐懼強，睡眠可以克服它
睡眠強，死亡更強
可是「仁慈」卻不會因死亡而消逝

## 肯定自己

「肯定自己」是修行者的一大課題，世間上能改變人的東西太多了，金錢可以改變你、感情可以改變你、思想可以改變你、威力可以改變你……超越自己、超越對待，「丈夫自有沖天志，不向如來行處行」，才是學佛者本色！

排斥別人意見時，千萬記著——你排斥的只是意見不是人。

蘇格拉底替自己建了一座小屋，就有人問道：「你名氣這麼大，這座小屋與你相配嗎？」

他說：「這小屋如果能坐滿真正的朋友就不錯了！」

## 願我為石

署名遼寧省莊河縣郝家村郝靜軒居士，送給我一塊石頭，石上的花紋正面是雙翁佇立西望；背面是一幅觀音像，完全是石紋自然拼湊而成，頗為奇特，郝居士還題了兩首詩——

雙翁一石古來稀，漫步登山暮色時
佇立遙望懷故國，正如我在夢中思
西望夕陽無限好，可憐晚景近黃昏
欲成復國還鄉志，唯有全憑我子孫

所謂無情說法，見到天空明月，忽然興起思鄉之念；看到花開花謝，不禁有無常之憾；巍巍乎，山高願大；浩浩乎，海寬智遠，故經云「情與無情同圓種智」。

賞玩此石，令我想起石有五訓——
一、奇形怪狀，無言但實則最善言之，是石。
二、沉著，長時間埋藏於土中，可以為大地之骨者，是石。
三、雨打風吹，能忍寒暑，悠然不動者，是石。
四、質堅，能擔任大廈之基者，是石。
五、默默為山岳、庭院、郊外添趣，使人們覺得心中舒暢者，是石。
唯願我能如石也。

# 常低頭方能得

## 生活在舉手投足間

赴沙鹿途中，路經福山寺用午餐，徒眾為表示對我的恭敬，用飯的碗筷都是買新的，筷子又尖又滑，夾菜也夾不起來，吃麵尚未到口又滑下去，吃一餐飯，卻為一雙筷子起煩惱，實在是自找麻煩！

中國人是屬筷子文化，物理學家李政道博士曾說：「中國人早在春秋戰國時代就發明了筷子。如此簡單的兩根東西，卻高妙絕倫的應用物理學上槓桿原理。筷子是人類手指的延伸，手指能做的事，它都能做，且不怕高熱、寒冷……實在高明極了。」

日本學者表示，用筷子夾食物牽涉到肩部、胳膊、手掌和手指等八十多個關節和五十條肌肉的運動，而且和腦神經有關，因此用筷子吃飯，不但可以使人手巧，還有訓練大腦的作用，促使人的腦力靈活，身體健康。

儘管現在市面上的筷子形形色色，我還是慣用木筷，安穩多了。

與悟明長老等和受尚一起用午餐時，談及我們過去受戒的情形，為是一生中難有的歷練，在凹凸不平的泥地上，一跪就是三、四小時，起身時地上的小石子都深深地陷進膝蓋的肌肉裡；合掌聽開示，五、六小時是常有的事，等到放掌時，手已僵得不像是自己的；手執楊柳枝的糾察、引禮師就像是受戒者的影子，不管走到哪，都可以看到。在嚴肅的鞭促中，生活作息很自然就歸順在引禮師們的舉手投足間。直到現在引禮師們那種凜凜的神情，在腦海中仍然很清晰。而現在的引禮師都是戒子們的侍者、服務員，一下子要招呼這，一下子要關顧那……。實在著急這一代在溫室中長大的花朵，在漫長弘法利生事業上，是否有毅力去接受挑戰？

**幸福跟在後頭**

有一個人對小狗說：「你知道幸福在哪裡嗎？幸福就在你的尾巴上。」小狗聽後，天天都繞著圈子在找尾巴。可是一天天過去，始終找不到。

有一天，小狗遇到一隻大狗，就問道：「幸福就在我的尾巴上，為什麼我始終找不到？」

大狗云：「我以前也這樣繞圈子找，不過，只要你不在意，勇往向前，幸福就永遠眼在你後面。」

我告示信眾——

為了得到幸福，非得從親自去找幸福開始不可。

凡事順遂並非等於幸福，在追求幸福的過程中，或許才是最幸福的時刻。

窮一生去追求幸福，即使手握最愛的東西，也不覺得幸福。

愚者以為幸福在遙遠的彼處，聰明者懂得將週遭的事物培育成幸福。

我們常認為別人得不到幸福，乃是理所當然的事，而對於自己未能獲得幸福之事，卻久久不能釋懷。

幸福絕非存在於目所能視的世界中，真正的幸福潛藏於目所不能視的事物中。

生活中過著什麼也不缺的人，是無法了解何謂幸福。

欲望愈少，愈能享有幸福的人生。

在漫長人生經驗中學習到的教訓是——只有自己能給自己幸福。

在心中尋找和平的人，是最幸福的人。

雖然人生只餘下對未來的憧憬，仍然是一種幸福。

知足如點金石，可使接觸的東西變黃金——幸福！

## 智慧的大海

信眾突然問起「達賴喇嘛」，其實這個名字由來早在一六四三年以前，一、

二、三、四世達賴只是黃教這一教派的宗教領袖，而不是西藏地方政府領導人，因為那時統治西藏人民的是西藏噶舉派（白教）的法王。

一六四三年，五世達賴喇嘛和四世班禪得到青海蒙古部落酋長固治汗的幫助，取得政權，從那時起，達賴喇嘛才成為西藏宗教和政治的領袖。

一世、二世達賴原來並不稱「達賴喇嘛」。三世達賴索南嘉措到現在的內蒙古地區傳教，蒙古人很信仰他，尊之為「達賴喇嘛」（蒙古語：智慧的大海），但這只是蒙古人對他的尊稱。

「達賴喇嘛」這個封號，乃是在清順治六年（一六五二年），五世達賴羅桑嘉措由西藏親赴北京，朝見清朝皇帝，當他在第二年（一六五三年）由北京返藏時，受清世祖正式冊封為「西天大善自在佛所領天下釋善瓦赤喇怛達賴喇嘛」。後經清皇大力宣傳，「達賴喇嘛」這個封號才舉世皆知，而且也成為達賴喇嘛的名稱了。

## 一點慈悲

在美國，有一位大富豪，因左眼壞了，就花錢請人裝一隻假眼，由於假眼非常精緻，不易認出，富翁就很自豪到處誇耀。

有一次，他遇見大文豪馬克・吐溫，便要對方猜哪一隻是假眼？

馬克・吐溫端詳一陣，就指著左眼說：「這隻是假的。」

富翁不解的問，何以知道？

馬克・吐溫：「因為你這一隻眼睛還有一點慈悲。」

十八世紀美國的政治家佛蘭克林，有次去拜訪一位長輩。當他跨腳走進對方家門時，由於房門很矮，他的頭不小心撞到門頂，痛得他眼淚都掉下來，這時，那位長輩蹣跚走出來，對佛蘭克林說道：「很痛吧？你今天來拜訪我的最大收獲，就是這個痛，若要在這個世界上生活得平安、順利，就得常低頭。你可別忘了，這個教訓對你有很多好處。」

佛蘭克林對這教訓銘記在心，處處表現謙虛，二十歲時創下著名的十三訓——沉默、規律、節約、勤勉、誠實、正義、中庸、清潔、養生、平靜、純潔、決斷、謙虛。

美國剛建國時，他留下許多血汗功勞，被美國人尊稱為「揚基之父」。

實力為立身之本

與高雄縣國中校長們談及心靈淨化之道，我的看法是——心靈淨化非短期的運動，而是要長期的薰習。改變社會風氣，在於大家自我覺醒。「物質」是比較性，永不會滿足，能滿足我們的是心中的寶藏——享有比擁有更美好。培養結緣的習慣，人我互調的觀念，散播慈悲的種子，遇事感恩的美德……都是淨化心靈的方法。

## 還有什麼放不下？

黃信介先生來山禮佛，他曾在日本住過多年，對日本佛教頗有認識，非常稱讚日本佛寺提供信眾禪坐場所、休養靜房、說法講堂等設備，認為這是與社會大眾結合的最好方法。又日本僧眾至少都是受過大學教育，知識水準很高，而且很多高階位人士，身旁都禮聘和尚作為參謀！反觀台灣宗教，民間信仰很多是由神權在控制，實是有待宣導。

黃先生還談及幾年前在牢中，心如瓢水，但一想到佛陀貴為一國王子，都能割愛出家，自己還有什麼放不下的？依此一念，讓他能靜下來念佛！「念佛」伴著他在獄中度過一段心安的日子。

## 管仲治國

《說苑》上有一則故事——

齊桓公在管仲卑賤時，要他管理國家。

管仲告之：「地位低賤的人不能統治尊貴的人。」

於是桓公就任用管仲為上卿。

過了一段時間，國家還沒治好，桓公追問原因。

管仲又云：「窮人不能差遣富人。」

於是桓公就把齊國一年的市租賞賜給管仲。

但是過了一段時間，國家也沒治好，桓公又問原因。

管仲又說：「關係疏遠的人不能制裁關係親密的人。」

於是桓公尊稱管仲為仲父。齊國從此非常安定，終能稱霸天下。

孔子說：「憑著管仲的賢能，如果得不到這三種權勢，也不能使桓公南面而王。」

是故，為人所不能為，是大丈夫事業；忍人所不能忍，是聖賢事業。

## 說好話，做好事

徒眾問：「如何讚美對方？」

最簡單的方法是說一句好話給人歡喜，做一些好事幫助別人。

一個人的聰明智慧，要從多方面去吸收學習；人聰不聰明要先學靈巧——得當的話、適中的手勢、如法的應對、幽默的口氣、多方面的設想。明知上當吃虧，也會付諸行動，以別人的需要為前提，凡事不輕易排拒，只要是好事就要擔當承諾。疑而好問，已得知識之半，故會問問題的人較容易進步。

## 懂得回頭轉身

「什麼是智慧？」

因緣是智慧、明理是智慧、大公無私是智慧、不執著是智慧、尊敬人是智慧、慈悲是智慧、經驗是智慧，智慧其實來自我們的自心。

人可以窮，心不能窮。我的處事祕訣就是學習吃虧。

欲求精金美玉的人品，定從烈火中鍛來。
思立揭地掀天的事功，須向薄冰上走過。

佛典中三藏十二部主要都在於淨化我們的心靈，故設身處地為他人著想，不計較人我得失，有長遠計畫，以享有代替擁有，懂得回頭轉身，改心換性，對誹謗指責視為當然，都是洗心淨心之法。

有一首詩偈——

善似青松惡似花，看看眼前不如它。
有朝一日遭霜打，只見青松不見花。

善與惡的因果就像青松與花，隨時提醒自我言行舉止，自我行為要自己負責，因「因果」是誰也無法代替的。

## 以佛心看人

有些徒眾平常給人的印象都很好，但在人事升遷，在通過學業、道業、事業的審核時，所有的缺點就呈現了，畢竟人要共事、共處才會發現真性情。在人事調整時有一現象，有的是主管挑屬下，有的是屬下選主管，具有專才實力者每個單位都爭取。整個過程就像在拼圖似的，這個移過來，那個移過去。我覺得每一個人都不錯，為什麼在人事上要那麼挑選？有徒弟對我說：「師父，您是以佛心來看我們，所以每個徒弟在您心目中都是好的、善的、美的！就因為您的包容，所以在您眼中，我們都很不錯！但在同一工作單位上做事，彼此都是師兄弟，要求不一樣了。」

徒眾不是常掛在口邊：「以師志為己志嗎？」既然我能包容接受的事，大家也應該「學」著包容接受。更何況每一個人在成長階段，總難免有某方面的短缺，要時間給大家成長！

實力還是立身的根本條件。

## 人雖好，待人擁護

衛靈公向史鰌問道：「為政之要，何者為重？」

史鰌：「主管刑法的職權最重要。因為審判不正確，死刑者不能復生，殘廢者不能復原，所以主管刑法者最重要。」

靈公又將同樣的問題問子路。

子路回答道：「主管國防的司馬最重要。因在兩國交戰勢均力敵時，必須靠司馬擊鼓來發布命令，如果敗北就要犧牲幾萬士兵，故主管國防的司馬最重要。」

不久，子貢來訪靈公，靈公再以相同的問題問其意見。子貢：「多麼沒見識！以前夏禹和有扈氏作戰，打了三場仗還不能叫他順服；夏禹於是班師回國，厲行教化，只那麼一年，有扈氏就自動來歸順了。既然去掉人民之間的紛爭，還有什麼刑案要審理？戰車武器根本就不用陳列，還要鳴什麼鼓？所以，教化最重要。」

政治、經濟、軍事，不如善教之得民也。學不厭，智也；教不倦，仁也；事不厭，勤也；苦不厭，能也。心雖善，待教進步；人雖好，待人擁護。

少年大病，第一怕不孝心，第二怕不受教，第三怕不明理。願世人引以為戒！

# 無所住而生其心

**榮辱禍福皆業**

某次大陸水災，我除發動救災捐款，心中也有很多感觸。

我一生身受水災之苦不少——

第一次，民國二十年，蘇北大水，我才五歲，淹死了我一位舅母，後來舅舅討了填房，因她性情乖戾，搞得全家數十年雞犬不寧，在我成長中，大人們口裡就經常提到水災之害。

第二次，台灣的八七水災，那年，我正在八仙山上為救國團大專院校暑期學生營作佛學演講，真如「天崩地裂，鬼哭神號」，一夜之間樹倒屋斜，人畜死傷，給人感到真是末日來臨。

第三次，在佛光山開山建寺，所有工程多次與颱風豪雨搏鬥，甚至在半夜起床，將棉被與枕頭拿出來阻擋滔滔山洪，唯恐土方流失。

甚至我還有一次被大雨洪水沖走的記憶。

因為我有多次水災的體驗，所以對水患特別關懷。印度的孟加拉水災，我也捐了一萬美金。

最近眼睛始終有點不適，抽空到醫院檢查，羅醫師表示一兩年內如不注意保養，眼睛可能失明，他說是因身體勞累積壓的，要我注意飲食的調配，尤其我有糖尿病，更要小心，並要過有規律的生活，不要熬夜，不要……。

人生榮辱禍福皆業，該來的不必避，不該來的則不用去擔心。對疾病我一向很坦然，不會太在意。洪自誠一副對聯很好：

一念慈祥必然醞釀兩間和氣。
寸心潔白當能昭垂百世清芬。

## 小鳥飛走了

在澳洲，清晨六時，在微曦中醒來，窗外的海水靜悄悄的，海灘已有多人在慢跑運動，我也信步走到岸邊，卻驚動一群在覓食的海鷗，看牠們展翅飛散，不禁聯想到《天地一沙鷗》中，牠們不畏逆境的雄姿，「鷗波」的自在；「鷗盟」的相依；「鷗鷺忘機」的信任，皆是人間難得的情誼。

兩隻定時來用餐的袋鼠，正在後院徘徊，拿新鮮的麵包去引誘牠，一點也不怕人，反而吃得津津有味。經典上曾記載，有個人每天從林間走過，小鳥都會飛過來停在他身上，陪他走路，有人要他抓幾隻來證明，第二天起，卻一隻也不過來了。動物是很有靈性的，可以感受到人們身上的殺氣，不安全的環境是不會輕易接近的。

## 有所住就不自由

談話中，有人問到《金剛經》中「云何應住」的意義？

住，即生活之意。有人住在人我是非裡，有人住在榮華富貴裡，有人住在名聞利養裡，有人住在眷屬情愛裡。實「應無所住，而生其心」，因為有所住即為非住也。

因為人有了家，心中有了事，有所住就有所不住，有所住就不自由。

「出了家，無所住而無所不住，實乃處處無家處處家。」

佛菩薩是不著相上住。

## 無志無量

睡前，忽然想起陶覺的名言：

讓古人，便是無志；不讓今人，便是無量。

## 如是妙法，如曇花

西來寺附設的中華學校，有兩位就讀高中的少年，和我提到一些他們似懂非懂的句子要我回答，花了兩個小時，我才弄懂他們問的是：

「曇花一現」？曇花是什麼花？

「曇花」為梵文的音譯，語出自佛經——

《法華經》云：「佛告舍利佛，如是妙法，如優曇缽羅花，時一現耳。」

《長阿含經》云：「佛告諸比丘，汝等當觀，如來時時出世，如優曇缽羅花時一現耳。」

《法華文句》云：「曇花三千年一現，現，則金輪王出。」

曇花意譯為「祥瑞靈異之花」，「曇花一現」喻不尋常事物，迅即消失。

又問「天涯海角」在何處？

我云：「廣東欽縣有『天涯亭』，合浦縣有『海角亭』，二郡蓋南轅北轍之謂也。天涯海角之名由此而來，喻極偏遠的地方，或彼此相隔極遠。」

再問「十惡不赦」哪十惡？

「十惡」原指十條大罪，始於北齊時法律，隋、唐把這十條大罪加以增刪，正式定名為「十惡」，寫在法典前面，以後歷經宋、元、明、清各代，都規定犯了「十惡」罪不能赦免——

一、謀反　二、謀大逆　三、謀叛　四、惡逆　五、不道　六、大不敬

七、不孝　八、不睦　九、不義　十、內亂。

## 在球場自然會順服

我生平沒有什麼嗜好，唯一比較著「迷」的是籃球。

傳說籃球運動與模仿傳遞西瓜的動作有關，但按正式記載，十六世紀阿茲特克人在墨西哥的球類，才是籃球前身。近代籃球是加拿大人奈斯密斯於一八九一年在美國麻州春田基督教青年會訓練學生所發明的。當時只是一種供少數人玩樂的運動，用桃枝編成籃子掛在牆上，把球投入籃中，故名「籃球」。因為球籃掛在離地三米的高處，籃底又是封閉的，所以每投進一球，就要由一個人爬上專設的梯子從籃筐裡把球取出來，那時的遮板用鐵絲網，球則用足球代替。

到一九〇六年，籃框才改成空心圈，並有金屬框代替桃枝框。

一九〇一年左右，籃球運動就從國外傳入我國了。

打球是要靠團隊精神，一個個性不合作、不團結的青年，從打球中為了要跟大家配合，自然會去合作團結；在球場犯規都要舉手認錯，做事不肯認錯的青年，在球場自然會順服；猶豫不決是青年們通病，但在球場自然易養成勇往直前冒險犯難的精神。故我很鼓勵青年們打球，從打球中可以看出一個人的品性！

# 榮譽就像玩具，只能玩玩

## 榮譽，不能永遠守著它

發現鐳而聞名全球的居里夫人，有一天，一位朋友到她家作客，忽然看見她的小女兒正在玩英國皇家協會剛頒給她的一枚金質獎章，朋友大吃一驚，問道：「居里夫人，現在能夠得到一枚英國皇家協會的獎章，這是極高的榮譽，你怎麼能給孩子玩呢？」

居里夫人笑著說：「我是想讓孩子從小就知道，榮譽就像玩具，只能玩玩而已，絕不能永遠守著它，否則將一事無成。」

徒眾們能意會否？

## 珍惜現有因緣福報

人生，永遠是在世間的高低與有無中起伏。過去想買東西，但苦於無錢；現在有錢，卻不知要買什麼。過去很想吃東西，但沒東西可吃；現在信眾供養的東西很多，卻吃不下。過去說話沒有人聽，現在有人要聽卻不敢亂講。不管你如何努力，總不可能十全十美，人生最標準的缺陷就是美。

人做事，隨時都要抱著一種學習的態度，不要以一種輕心、慢心在應付，希望大家要珍惜現有因緣福報，不要輕易地讓自我的貪嗔愚癡無知在做事，自己還沒有能力創業時，至少要知守成，進而發揚光大，坐享前人辛苦的果實，不是做事的態度。

宋太宗時，賈黃中官拜參知政事，素有神童之稱，六歲時考取童子科，十五歲時考取進士。他有如此成績，並非天才，而是被父親逼出來的。他五歲時，每天清晨，父親就要他立正站好，把書卷攤開（書是卷軸），和他的身高比，取同高以決定這一天，要讀到哪一篇哪一行為止。通稱為「等身書」！

反觀現在的父母，在望子成龍的心態下，對子女的教育，除學校的功課外，還要他們去練習各種才藝，學習項目之多，比正規的學校課程還重，和「等身書」的意思極相似，但「神童」之譽不是每一個孩子都可以得到的。

心無物欲乾坤靜
坐有琴書便是仙

## 宋代就有版權制度

前些天去參觀國際書展，提到出版，就很自然讓人想到「版權」的問題。版權，目前在世界上許多國家都受到法律的保護。過去一般的說法，版權制度是從西方傳入我國的。其實，我國才是首創版權制度的國家。

據宋《東都事略》記云：「眉山程舍人宅刊行，已申上司，不許複版。」這是迄今世界上施行版權的最早資料。清代目錄學家葉德輝在所著《書林清話》中指出，從宋代起，我國就有了官府具狀禁止翻刻的具體史料。

事實證明，我國才是世界上最早實行版權制度的國家。

## 有推薦其他的賢人嗎？

有一天，楚莊王與大夫虞邱共同討論政事，到半夜才回宮，夫人樊姬好奇地問莊王：「朝中發生什麼大事，忙到這麼晚才回家？」

莊王：「我是和虞邱興致勃勃的討論政治，不覺中就到了半夜！虞邱是我們楚國的大賢人。」

樊姬：「虞邱有向你推薦其他的賢人嗎？」

莊王：「這倒沒有，不過，他滔滔雄辯，必很賢能。」

樊姬：「依我看，虞邱不一定是大賢人。」

莊王：「為什麼？你如何測知？」

樊姬：「臣下侍奉君主，應該形同婦女侍奉丈夫的道理一樣，如我主持宮政，凡是宮中所有佳肴美色，總先送到大王面前，但今卻不見虞邱推薦一個賢人給大王。一個人的智力有限，而楚國的賢才還多著呢！虞邱一味地表現自己才華，而埋沒了其他有用的賢人，如何能稱為賢人呢？」

楚莊王因樊姬的這一席話，而開始廣納天下英才，終能尋得身在田野農舍的孫叔敖為宰相，而奠定楚國富強之基。

君能兼聽，則奸人不壅蔽，而下情通矣。

## 因緣具足能成事

每一個人在修身、修心之後，要為自己找一片淨土，淨土之種類有兜率淨土、琉璃淨土、極樂淨土、華藏淨土、人間淨土、唯心淨土等，是淨土，是娑婆，各人感受不同，但心美、心善、心真、心明卻都是淨土的特色！

「緣」非知識，非口實，仔細想起來，我們週遭的任何事，都與緣有關。有的人很有學問不能成事；有的人沒有學問卻能成大事，原因都在於無緣與有緣。

有的人能力很強，什麼事都做不成，是因緣不具足；有的人能力並不好，但做什麼事都能成功，是因為因緣具足。

## 發心行願，無事不辦

應「中日問題研究會」之邀訪日，在短暫的停留中，他們安排我在東京永田町的憲政紀念館和有樂町的朝日馬利歐館對日本民眾發表演說與主持座談會，此次演講承「尾崎行雄紀念財團」、「滔天會」與「日中對外交流協會」之協助而極圓滿。

雖然是在上班日的下午，會場內除了日本信眾，並有中國、台灣、香港及東南亞各國的留學生們，都全神貫注的聆聽佛法，見他們聞法如此心切，我也深受感動。

朝日中國文化學院院長吉田實先生問我有關兩岸的政治問題，我回答：自由與民主非常重要，但是最重要的是幸福與和平。命運，並非注定，而是可以改變的！只要肯發心行願，則無事不辦！

# 鹿野苑的天空

**和慧性說話**

在佛光山隨我出家的慧性法師是馬來西亞人，多年前派他到印度中華佛寺幫助管理；印度鹿野苑的中華佛寺，是新加坡李俊臣先生捐獻的，可說是印度八大聖地中最大的中國佛寺。

慧性從印度回到洛城西來寺看我，從談話中，由一些小事上，我發現他進步了。

我先問他：「你在印度安心嗎？能適應環境氣候嗎？」他回答：「隨遇而安。」

「有人欺負你嗎？」「只有我欺負人，沒有人欺負我！」

「你會講印度話嗎？」「從生活中自然學習，已可應用！」

「印度生活條件很差，你一定辛苦了！」

「當初佛陀出生在印度更辛苦，現在我們太幸福了。」

「有人護持你嗎？」「加爾各達的華僑。」

「你和他們距離多遠？」「不遠，只一千多英里！」

「有人幫助你嗎？」「今年春節，在漢藏佛學院教書的依華法師曾來幫忙。」

「他從數千里外來幫你，你有給他路費嗎？」「算得清清楚楚的！」

我繼續問道：「你每天生活情況如何？」

「中華佛寺在佛陀說法的鹿野苑，那是度化五比丘的聖地，我感到每天和佛陀住在一起，苦集滅道、四聖諦就從這裡開始。」

「有什麼感應的事？」「有，每天肚子餓！」

「各地佛光山別分院的師兄弟有人去看你嗎？」

「佛光山的佛菩薩常常回去，但師父和師兄弟沒有去過。」

「你會遺憾嗎？」「不會，我在夢中常回佛光山！」

「你每天有用功讀書嗎？」「有，但不及師父！」

「你覺得你在印度有什麼缺少的東西？」

「最缺少的就是師父的開示，和師父的來信！」

「你希望我為你做些什麼嗎？」

慧性認真回答說：「第一，希望師父能帶人到印度朝聖。第二，希望師父把中華佛寺納入佛光山的分院。第三，希望師父派人協助，至少派大師兄幫忙規畫。」

慧性真地進步了，他善體人意，臨走前，送我一條白色圍巾，合掌道：「代表弟子一顆虔誠潔白的心，呈上給師父！」

## 我不喜歡，但我必須

清夜自剖——

我不是一個喜歡改革的人，我很保守，但是當典章制度不合時宜的時候，我就要勇於除弊，革故鼎新，而不能因循苟且，積非成是。

我不是一個喜歡創新的人，我很傳統，但是本著日新又新，精益求精的精神，我覺得自己應該力求突破，不應故步自封，墨守成規，以現狀為滿足。

我不是一個愛做領袖的人，我很樂於被人領導，與他人配合，但是遇到眾望所歸，應有所為的時候，我願本著捨我其誰的精神，當仁不讓，就如同堆土成丘，我們忍心因一己之好惡，踐踏踹平，而使堆土者前功盡棄，傷心失望嗎？

我不是一個喜歡雲遊的人，我喜歡定居一處，但是我不能逆因倒緣而行，就如同風吹雲，雲就要飄到那裡。

我不是一個喜歡孤立的人，我喜歡合群隨眾，但是在備受排擠誤解時，我何不認清時務，先求自我充實？就如同登山者要遠離荊刺，才能迅速到達目的地。

我不是一個喜歡說話的人，我喜歡寧靜自處，但是當世界需要真理正義之聲時，我必須奮起力呼。就如同雞鳴劃破寂靜的長空，這一聲雖然渺小，但我希望將人們從睡夢中喚醒。

我不是一個喜歡權力的人，我喜歡無為而治，但是當有人破壞章法時，我必須挺身而出，主持公道，以維護正義。就如同醫師必須找出病因痛下針砭，才能拔除病痛。

華盛頓是美國開國之父，從家喻戶曉的「砍櫻桃樹」的故事中，我們知道他自幼就具有誠摯正義的氣度，他不善辯論，卻辭語懇切，處事嚴謹，故能深獲民心，在一次演講中，他說：「政治與稅金是牢不可分的。一般人民有推選代表進入國會的義務。可是，英國政府始終不接受美洲殖民地代表的意見，甚至蔑視我們人格的尊嚴。而且，只有美洲殖民地課以苛捐雜稅，英國人民則可以豁免，這是多麼地不公平！有時候英國政府還企圖以武力干涉或威脅，實在令人氣憤！

其實我們也曾請願過，但是每一次請願書都被駁回，我感到非常遺憾！因此，為了平等、民主，最後只好以武力爭取！」

這是他唯一的一次公開演講，雖然是結結巴巴，但在場者無不動容。他以理智的口吻告訴大家一個觀念：和平是大家所共同嚮往的，但是絕非喪失尊嚴的苟安，而是人人必須在平等的原則下，共存共榮。武力誠然是人所不願，但為了建設文明，造福人群，武力是為千秋萬載的生命所必須行使的非常手段。然而中華民族五千年來的戰爭，不是為了和平、自由、民主，而是為了自私、權力，多麼遺憾。

美國第三任總統湯姆士•傑佛遜是敢於向傳統挑戰的勇者，他曾反對少數地主操縱土地的不公平現象，也曾起草許多草案，其中最著名者是《獨立宣言》，而最受爭議者就是——建立宗教自由法案。

佛傑遜紀念館館壁上刻著他的名言：「……謹此向神宣誓：我將永遠與任何有違人性的專制暴政抗衡到底。」

我並不是一位喜歡鼓吹更改律令憲法的人，但法律必須與民心相應。當人性更提升，覺悟更高遠時，就如同發現了新的真理，人類的態度就應該有所改進，制度亦應與時俱進。如果文明依舊停留在過去祖先的政體上，則如同我們要求大人穿著他童年的衣服一樣不宜。

我也不是一位喜歡改革佛教的人，但是佛教也同樣要因時制宜，否則不也如同大人穿著幼年的衣服嗎？

國家圖書館出版品預行編目(CIP)資料

星雲大師教你一念轉運 / 星雲口述 ; 鄭羽書筆記.
-- 初版. -- 臺中市 : 晨星, 2013.08
面 ;　公分. -- (人間羽錄 ; 1) (勁草<<人間羽錄>> ; 351)
ISBN 978-986-177-710-8(平裝)

224.517　　　　102005453

勁草叢書《人間羽錄1》351

# 星雲大師教你一念轉運


| | |
|---|---|
| 口述 | 星 雲 |
| 筆記 | 鄭 羽 書 |
| 編輯 | 潘 姵 儒 |
| 校對 | 鄭 羽 書 、 楊 豐 懋 |
| 封面設計 | 陳 其 煇 |
| 美術編輯 | 許 芷 婷 |
| 創辦人 | 陳 銘 民 |
| 發行所 | 晨星出版有限公司<br>台中市407工業區30路1號<br>TEL:(04)23595820　FAX:(04)23550581<br>E-mail:service@morningstar.com.tw<br>http://www.morningstar.com.tw<br>行政院新聞局局版台業字第2500號 |
| 法律顧問 | 甘 龍 強 律師 |
| 初版 | 西元2013年8月31日 |
| 郵政劃撥 | 22326758(晨星出版有限公司) |
| 讀者服務專線 | 04-23595819 #230 |
| 印刷 | 上好印刷股份有限公司 |
| 裝訂 | 東宏製本有限公司 |

**定價** 250 **元**
（缺頁或破損的書，請寄回更換）
ISBN 978-986-177-710-8
Published by Morning star Publishing Inc.
Printed in Taiwan

# ◆讀者回函卡◆

以下資料或許太過繁瑣，但卻是我們瞭解您的唯一途徑
誠摯期待能與您在下一本書中相逢，讓我們一起從閱讀中尋找樂趣吧！

姓名：＿＿＿＿＿＿＿＿ 別：□男 □女 生日：　／　／

教育程度：＿＿＿＿＿＿

職業：□學生 □教師 □內勤職員 □家庭主婦 □軍警 □企業主管 □服務業
□製造業 □SOHO族 □資訊業 □醫藥護理 □銷售業務 □其他

E-mail：＿＿＿＿＿＿＿＿＿＿ 聯絡電話：＿＿＿＿＿＿＿＿

聯絡地址：□□□＿＿＿＿＿＿＿＿＿＿＿＿＿＿＿＿

購買書名：星雲大師教你一念轉運

• 誘使您購買此書的原因？

□於＿＿＿＿書店尋找新知時 □看＿＿＿＿報／雜誌時瞄到
□＿＿＿＿電台DJ熱情推薦 □親朋好友拍胸脯保證 □受海報或文案吸引
□電子報或晨星勵志館部落格／粉絲頁 □看＿＿＿＿部落格版主推薦
□其他編輯萬萬想不到的過程：＿＿＿＿＿＿＿＿＿＿＿＿＿＿

• 本書中最吸引您的是哪一篇文章或哪一段話呢？＿＿＿＿＿＿＿＿

• 您覺得本書在哪些規劃上還需要加強或是改進呢？

□封面設計 □版面編排 □字體大小 □內容
□文／譯筆 □其他

• 美好的事物、聲音或影像都很吸引人，但究竟是怎樣的書最能吸引您呢？

□價格殺紅眼的書 □內容符合需求 □贈品大碗又滿意 □我誓死效忠此作者
□晨星出版，必屬佳作！ □千里相逢，即是有緣 □其他原因，請務必告訴我們！

＿＿＿＿＿＿＿＿＿＿＿＿＿＿＿＿

• 您與眾不同的閱讀品味，也請務必與我們分享：

□心靈勵志 □未來趨勢 □成功勵志 □自我成長 □宗教哲學 □正念禪修
□財經企管 □社會議題 □人物傳記 □心理學 □美容保健 □親子叢書
□兩性關係 □史地 □休閒旅遊 □其他

• 您最常到哪個通路購買書籍呢？ □博客來 □誠品 □金石堂 □其他＿＿＿

• 如果本書出版電子書，您是否會購買？ □會 □不會 □其他＿＿＿＿＿

• 如果您有興趣的書同時出版紙本書以及電子書，您會先選擇購買

□紙本書 □電子書 □其他

• 您覺得哪些種類的電子書會讓您想要購買呢？

□心靈勵志 □語言學習 □美容保健 □親子叢書 □圖文書 □其他＿＿＿

以上問題想必耗去您不少心力，為免這份心血白費
請務必將此回函郵寄回本社，或傳真至（04）2359-7123，感謝！
若行有餘力，也請不吝賜教，好讓我們可以出版更多更好的書！

• 其他意見：

晨星出版有限公司 編輯群，感謝您！

請填妥後對折裝訂，直接投郵即可，免貼郵票。

| |
|---|
| 廣告回函 |
| 台灣中區郵政管理局 |
| 登記證第 267 號 |
| 免貼郵票 |

407
台中市工業區 30 路 1 號

# 晨星出版有限公司

請沿虛線摺下裝訂，謝謝！

# 填問卷，送好書

## 凡詳填《星雲大師教你一念轉運》回函
## 並加附50元郵票(郵資與工本費用)，馬上送好書！

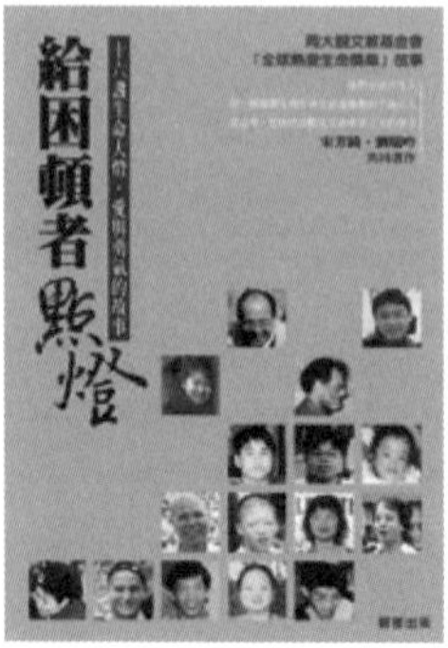


《給困頓者點燈》
數量有限，送完為止
原價：250元